용서와 구원으로 가는
회개의 기도

용서와 구원으로 가는

회개의 기도

초판 1쇄 인쇄 2011년 3월 10일
초판 1쇄 발행 2011년 3월 16일

글 | 용혜원
펴낸이 | 한 순 이희섭
펴낸곳 | 나무생각
편집 | 정지현 이은주 **디자인** | 이은아
마케팅 | 김종문 이재석
출판등록 | 1998년 4월 14일 제13-529호
주소 | 서울특별시 마포구 서교동 475-39 1F
전화 | (02) 334-3339, 3308, 3361
팩스 | (02) 334-3318
이메일 | tree3339@hanmail.net
홈페이지 | www.namubook.co.kr

ISBN 978-89-5937-229-4 (04230)
　　　978-89-5937-223-2 (세트)

값은 뒤표지에 있습니다.
잘못된 책은 바꿔 드립니다.

용서와 구원으로 가는

회개의 기도

용혜원 지음

🌱 나무생각

책 처음에

기도는 그리스도를 향한 삶의 모습 중 가장 아름다운 모습이다.
그리고 주님께로 향하는 우리 마음의 표현이다.
우리 마음은 예수 그리스도로 충만해야 한다.
우리 심장은 예수 그리스도의 사랑으로 충만해야 한다.
우리 눈은 예수 그리스도의 열정으로 충만해야 한다.
우리 손은 예수 그리스도의 온유한 손길이 되어야 한다.
우리 무릎은 예수 그리스도를 섬기는 믿음으로 가득해야 한다.
기도하지 않는 사람은 자기중심적으로 살아가지만
기도하는 사람은 예수 그리스도를 중심으로 살아간다.
우리 구주 예수 그리스도는 우리가 회개하기를 원하신다.
그러니 때를 놓치지 말아야 한다.
"회개하라! 천국이 가까웠느니라!"
예수 그리스도의 외침을 심령 깊숙이 듣고 회개해야 한다.
회개의 기도는 가장 시급하고 중요한 일이다.
참회의 기도를 올리고 회개하지 않으면 천국에 갈 수 없다.
우리는 지금 죄악 속에 살면서도 죄를 깨닫지 못하고
죄에 죄를 더하며 살아가고 있다.
하나도 남김없이 모든 죄를 통회 자복해야 한다.

이 땅의 삶이 아무리 좋고 대단해도 언젠가는 끝이 난다.
우리는 모두 심판대 앞에 설 것이다.
주님은 모든 것을 낱낱이 기억하고 알고 계신다.
통회 자복하는 회개가 없으면 우리는 구원받을 수 없다.
영원히 구원받지 못하는 것이다.
회개와 참회의 시간을 갖고 새롭게 변화되어야
주님의 모습을 닮아가는 성도의 삶을 살아갈 수 있다.
우리는 죄에서 떠나야 한다. 빨리 떠나야 한다.
어쩌면 시간이 없다.
홀연히 마지막 시간이 다가오기 전에
예수 그리스도의 이름으로 회개하여 용서받고
예수 그리스도의 보혈로 구원을 받아야 한다.
이 책의 기도는 부족하기만 하다.
다만 우리의 죄를 회개하는 데 조금이라도 도움이 될 수 있다면
주님께 감사와 영광을 돌리고 싶다.

용혜원

차례

책 처음에 4

1. 나의 모든 죄를 용서하소서! 11
2. 생각으로 지은 죄를 용서하소서! 27
3. 온전히 예배드리지 못한 죄를 용서하소서! 38
4. 행함이 없는 믿음을 용서하소서! 50
5. 남을 미워한 죄를 용서하소서! 64
6. 거짓말한 죄를 용서하여 주소서! 76
7. 물질을 잘못 사용한 죄를 용서하소서! 85

8. 가족을 온전히 사랑하지 못한 죄를 용서하소서! 95

9. 음란한 죄를 용서하여 주소서! 106

10. 남을 위하여 봉사하지 못한 죄를 용서하소서! 114

11. 모르고 지은 죄를 용서하소서! 121

12. 주일을 온전히 성수하지 못한 죄를 용서하소서! 129

13. 시간을 잘못 사용한 죄를 용서하소서! 137

14. 말로 지은 죄를 용서하소서! 148

15. 전도하지 못한 죄를 용서하소서! 155

16. 용서하지 못한 죄를 용서하소서! 162

17. 직분을 남용한 죄를 용서하소서! 167

18. 아주 사소하게 생각한 죄를 용서하소서! 176

19. 안일하게 살아온 죄를 용서하소서! 182

20. 낙태한 죄를 용서하여 주소서! 189

21. 병든 이들을 위하여 기도하지 못한 죄를 용서하소서! 195

22. 나라와 민족과 이웃을 위하여 기도하지 못한 죄를 용서하소서! 204

23. 삶의 마지막 순간에 주님을 부인하지 않게 하소서! 212

〈회개의 기도〉 관련한 본문 성경 구절 222

만일 우리가 우리 죄를 자백하면 저는 미쁘시고 의로우사

우리 죄를 사하시며 모든 불의에서 우리를 깨끗게 하실 것이요

요한일서 1:9

1
나의 모든 죄를 용서하소서!

나의 죄를 대속하시려고 이 땅에 오신 주님!
나의 죄 때문에 십자가를 지시고
죽음의 모든 고통을 홀로 받으신 주님을 찬양하며 경배를 드립니다.
점도 흠도 없는 거룩한 보혈로
나를 모든 죄악에서 구원하여 주시는
무덤에서 부활하신 주 예수 그리스도의 사랑을
믿고 무한 감사를 드립니다.
주님의 인도하심을 떠나서 범한 더럽고 추악한 죄를
주님께 통회 자복하며 철저하게 용서받고 구원받기 위하여
회개의 기도를 드리오니 주여! 받아주시기를 원합니다.

주여! 나의 죄를 깨끗이 용서하여 주시기를 간절히 원합니다.
주여! 끝나는 날이 우리 눈앞에 다가오고 있는데도
죽음을 향하여 달려가고 있음을 알지 못하고
깨닫지 못하는 사람들을 불쌍히 여겨주시기를 원합니다.
예수 그리스도를 믿으면 천국이요 그렇지 않으면 지옥이라는 것을
온전히 깨닫지 못하는 사람들이 주님의 복음을 듣고
회개하고 구원받게 하시기를 원합니다.
아직도 죄를 죄로 알지 못하는
이 땅의 수많은 사람들을 불쌍히 여겨주시고
나부터 먼저 죄를 깨닫고 회개하여 구원받게 하여 주시기를 원합니다.
죄를 회개해야 하는 절박함을 잊지 않게 하소서.
주님을 향한 회개의 기도가 얼마나 시급한 일인지
깨닫지 못하는 사람들을 기억하셔서
지옥에 들어가며 한탄하고 통곡할 날이 오기 전에
한시라도 빨리 깨닫게 하여 주시고
주님의 구원의 길로 인도하여 주시기를 원합니다.
오, 주님! 하나님보다 나 자신을 먼저 사랑하고
나의 길로만 가려 했던 어리석고 무지한 죄인을 용서하여 주소서.
하나님의 사랑으로부터 떠나 죄를 지었으니
주님의 크고 넓으신 사랑을 불신한 죄를 용서하여 주시기를 원합니다.
"내 이름으로 일컫는 내 백성이 그 악한 길에서 떠나
스스로 겸비하고 기도하여 내 얼굴을 구하면
내가 하늘에서 듣고 그 죄를 사하고 그 땅을 고칠찌라"(역대하 7:14)

말씀대로 주여 부르짖으며 주님의 얼굴을 구하오니
모든 죄를 하나도 남김없이 회개하게 하여 주시고
용서하여 주시기를 원합니다.
하나님이 정하신 목적, 뜻에서 벗어난 죄를 지었으니
나의 모든 죄를 용서하여 주시기를 원합니다.
하나님의 인도하심에서 벗어나고 저버린
나의 모든 죄를 용서하여 주시기를 원합니다.
하나님의 생명의 말씀에서 벗어난 죄를 지었으니
나의 모든 죄를 용서하여 주시기를 원합니다.
하나님의 구속의 사랑의 깨닫지 못하고 죄를 지었으니
나의 모든 죄를 용서하여 주시기를 원합니다.
하나님의 섭리를 깨닫지 못하고 내 마음대로 산 죄를 지었으니
나의 모든 죄를 용서하여 주시기를 원합니다.
더럽고 추악하고 양심에 가책이 되는
육적으로, 영적으로 지은 모든 죄를
용서받기를 원합니다.
나의 죄를 우리 주 예수 그리스도의 이름으로
용서받고 구원받기 위하여 참회의 기도를 드리오니
받아주시고 용서하여 주시기를 원합니다.
부모에게도 말하지 못하고 가족에게도 말하지 못하고
친구에게도 말하지 못하고 그 누구에게도 말할 수 없는 죄를
주 예수 그리스도께 고백하고 참회하여 용서받기를 원합니다.
하나님의 무궁하시고 전능하신 섭리 속에서 이루어진

출생부터 죽음에 이르기까지 지은 나의 모든 죄를
고백하고 간구하오니 용서하여 주시고 씻어주시기를 원합니다.
나의 죄를 주님의 보혈로 대속하여 주사
하나도 남김없이 용서하여 주시기를 원합니다.
하나님의 계명을 버리고 사람의 전통을 따라
관습적으로 지은 모든 죄를 용서하여 주시기를 원합니다.
"만일 네 눈이 너를 범죄케 하거든 빼어버리라
한 눈으로 하나님의 나라에 들어가는 것이
두 눈을 가지고 지옥에 던지우는 것보다 나으니라
거기는 구더기도 죽지 않고 불도 꺼지지 아니하느니라
사람마다 불로서 소금 치듯함을 받으리라"(마가복음 9:47-50)
주님의 말씀처럼 나의 죄로 인해 지옥에 버려져서
소금 치듯 온몸이 지옥에 던져질까 두렵고 떨리옵니다.
가혹한 고통을 받을까 염려하고 두려워 회개하오니
주여, 용서하여 주시기를 원합니다.
몸과 영혼은 살아 있는데 지옥의 영벌에 처해지면
영영 구원받을 수 없고 감당할 수 없는 잔혹함을 견딜 수 없으니
주여 나의 모든 죄를 용서하여 주시고
구원하여 주시기를 원합니다.
주 예수 그리스도의 이름으로 죄 사함을 받아 구원받게 하여 주시고
나의 삶의 시작부터 오늘까지 낱낱이 아시고
기록하시고 기억하시는 주님께서
죄악을 하나도 남김없이 용서하여 주시기를 원합니다.

"여호와는 마음이 상한 자에게 가까이 하시고
중심에 통회하는 자를 구원하시는도다"(시편 34:18)
말씀처럼 살아서 움직이는 생명의 말씀을 의지하며
나의 죄를 통회 자복하니 용서하여 주시길 원합니다.
주님의 용서와 구원이 없으면 천국에 갈 수 없으니
모든 죄를 하나도 남김없이 용서하여 주시고
영원히 흔적도 없이 사라지게 하여 주시기를 원합니다.
주님 앞에 엎드려 예수 그리스도의 이름으로 기도하오니
나의 생각으로 지은 죄를 용서하여 주시기를 원합니다.
나의 마음으로 지은 죄를 용서하여 주시기를 원합니다.
나의 눈으로 지은 죄를 용서하여 주시기를 원합니다.
나의 손으로 지은 죄를 용서하여 주시기를 원합니다.
나의 발로 지은 죄를 용서하여 주시기를 원합니다.
나의 혀와 입으로 지은 죄를 용서하여 주시기를 원합니다.
나의 귀로 지은 죄를 용서하여 주시기를 원합니다.
나의 머리로 지은 죄를 용서하여 주시기를 원합니다.
나의 몸으로 지은 죄를 용서하여 주시기를 원합니다.
나의 의식 중에 알면서도 지은 죄를 용서하여 주시기를 원합니다.
나의 무의식중에 전혀 알지 못하고 지은 죄를
용서하여 주시기를 원합니다.
나의 몸과 마음으로 뻔히 알면서도 지은 죄를
용서하여 주시기를 원합니다.
나의 영혼으로 지은 죄를 용서하여 주시기를 원합니다.

나의 행동으로 지은 모든 죄를 용서하여 주시기를 원합니다.
죄인 줄 뻔히 알면서도 일부러 죄를 지으면서 즐기고
쾌감을 느끼며 좋아했던 모든 일들을
주여 회개하오니 용서하여 주시기를 원합니다.
죄란 죄는 나의 삶 속에서 하나도 남김없이
사라지게 하여 주시기를 원합니다.
"아들을 낳으리니 이름을 예수라 하라
이는 그가 자기 백성을 저희 죄에서
구원할 자이심이라 하니라"(마태복음 1:21)
주님은 나를 나의 죄에서 구원하여 주실 분이시니
나를 구원하여 주시기를 원합니다.
십자가의 보혈로 구원받아 죽음이 오는 날
천국에 가 주님을 만날 수 있는 은혜와 축복을 주시기를 원합니다.
나의 삶과 마음에 죄악이 많아 탄식하오니 주여 들어주시고
눈물로 간구하오니 용서하여 주시기를 원합니다.
죄를 비통하게 회개하오니 용서하여 주시기를 원합니다.
죄를 침통하게 회개하오니 용서하여 주시기를 원합니다.
죄를 애통하게 회개하오니 용서하여 주시기를 원합니다.
모든 죄를 용서받아 나의 이름이
생명책에 기록되어 천국에 갈 수 있도록
주님께서 용서하시고 인도하여 주시기를 원합니다.
"자기의 죄를 숨기는 자는 형통치 못하나
죄를 자복하고 버리는 자는 불쌍히 여김을 받으리라"(잠언 28:13)

말씀처럼 나의 죄를 자복하오니 용서하여 주시기를 원합니다.
회개의 기도를 하지 않고서는 용서받을 수 없사오니
회개의 영을 불어넣어 주셔서 깨닫게 하시고,
기억나게 하시고, 고백하게 하시고,
죄를 낱낱이 주님 앞에 부르짖게 하여 주셔서
용서하여 주시기를 원합니다.
주님께서 외치신 겟세마네 피눈물의 기도와
십자가의 간구를 가슴에 새기며
주님의 이름을 한없이 부르고 외칩니다.
주님께서 이 죄인으로부터 눈길을 돌리지 마시고
인도하여 주시라고 부르짖사오니
모든 죄를 회개하여 용서받게 하여 주시기를 원합니다.
"내가 진실로 진실로 너희에게 이르노니
내 말을 듣고 또 나 보내신 이를 믿는 자는 영생을 얻었고
심판에 이르지 아니하나니
사망에서 생명으로 옮겼느니라"(요한복음 5:24)
말씀처럼 회개하고 주님을 믿으니
사망에서 영생으로 옮겨지게 하여 주시고
나의 몸과 영혼이 지옥에서 천국으로
옮겨지게 하여 주시기를 원합니다.
영벌과 영생은 너무나 먼 길이오니
주님을 믿음으로 영벌에서 떠나고 벗어나
천국에 가도록 인도하여 주시기를 원합니다.

"진실로 진실로 너희에게 이르노니 믿는 자는 영생을 가졌나니
내가 곧 생명의 떡이로라"(요한복음 6:47–48)
이 말씀을 믿습니다.
"회개하라 천국이 가까왔느니라"(마태복음 4:17)
주님의 말씀처럼 자복하고 회개하여
천국이 가까이 다가오게 하여 주시기를 원합니다.
주님의 음성을 날마다 들으며
죄에서 떠난 삶을 살게 하여 주시기를 원합니다.
나의 죄를 회개함으로 주님이 오시는 길을 예비하여
주님의 날을 준비하게 하여 주시기를 원합니다.
"하나님은 한 분이시요
또 하나님과 사람 사이에 중보도 한 분이시니
곧 사람이신 그리스도 예수라"(디모데전서 2:5)
말씀처럼 주님께서 회개의 기도를 들어주셔서
중보자가 되어 주시고 용서하여 주시기를 원합니다.
죄를 통분히 여기며 회개하여
회개에 합당한 열매를 맺게 하여 주시기를 원합니다.
주님!
주님을 시험하는 죄를 범하지 않게 하여 주시기를 원합니다.
주님의 영광을 가리는 죄가 있으면
범하지 않게 하여 주시기를 원합니다.
주님을 모욕하는 죄를 범하지 않게 하여 주시기를 원합니다.
주님의 뜻을 저버리는 죄를 범하지 않게 하여 주시기를 원합니다.

주님의 이름을 더럽히는 죄를 범하지 않게 하여 주시기를 원합니다.
성령의 인도하심을 훼방하는 죄를
범하지 않게 하여 주시기를 원합니다.
나의 삶 동안에 하나님의 인도하심과 섭리하심에서 벗어난
죄가 있다면 다 용서하여 주시기를 원합니다.
주님께 입술을 열어 모든 죄악을 하나도 빠짐이 없이
낱낱이 고백할 수 있도록 마음을 활짝 열어주시기를 원합니다.
"만일 우리가 우리 죄를 자백하면
저는 미쁘시고 의로우사 우리 죄를 사하시며
모든 불의에서 우리를 깨끗게 하실 것이요"(요한일서 1:9)
나의 삶의 모든 불의에서 깨끗하게 하여 주시기를 원합니다.
나의 삶의 모든 잘못에서 깨끗하게 하여 주시기를 원합니다.
나의 삶의 모든 허물에서 깨끗하게 하여 주시기를 원합니다.
나의 삶의 모든 실수에서 깨끗하게 하여 주시기를 원합니다.
나의 육체의 모든 뼈가 아프고 저리도록 눈물과 통곡으로 간구하며
주님 앞에 나아가 응답하여 주실 때까지
회개의 기도를 드릴 수 있는 믿음과 용기를 주시고
주님의 인도하심을 믿고 실망하지 않고
끝까지 회개할 수 기회와 시간을 주시기를 원합니다.
내 가슴에 주님의 은혜가 충만하여 모든 죄를 깨닫게 하시고
회개의 기도로 용서를 구하게 하여 주셔서
나의 모든 죄악을 용서하여 주시기를 원합니다.
주여, 우리가 참회의 기도를 온전히 드리지 못할 때가 있으니

도와주시기를 원합니다.
"이와 같이 성령도 우리 연약함을 도우시나니
우리가 마땅히 빌 바를 알지 못하나
오직 성령이 말할 수 없는 탄식으로
우리를 위하여 친히 간구하시느니라"(로마서 8:26)
성령께서 회개의 기도를 인도하여 주시기를 원합니다.
어떤 수단과 방법으로도 절대로 죄를 지울 수 없는 줄 아오니
내가 저지른 죄를 주님의 이름과 십자가의 보혈로
하나도 남김없이 모든 것을 용서하여 주시기를 원합니다.
주님의 은혜로 용서를 받아
가슴 가득히 영혼 가득히 주님의 사랑이 강물처럼 흘려내려
나의 영혼 깊숙한 곳에서도 주님의 은혜가
충만하게 채워지기를 원합니다.
나의 생각과 행동으로 지은 모든 죄를 용서하여 주시고
행동하지 못해 저지르지 않은 죄도 용서하여 주시기를 원합니다.
상습적으로 습관적으로 그리고 일부러 지은 죄를
철저하게 회개하지 않으면 천국에 들어갈 수 없음을 아오니
주님의 보혈로 나의 죄를 눈과 같이 깨끗하게 씻어주시고
나의 모든 죄를 도말하사 기억도 하지 않게 하소서.
죄 때문에 실망하고 좌절하고
포기하고 쓰러지지 않게 하여 주시기를 원합니다.
나의 죄악을 용서받아 하나님의 자녀가 되어
주님이 구주이심을 시인하고 고백하며 전하기를 원합니다.

죄가 죄인 줄 알면서도 한순간만을 모면하려고
숨기고 가리고 감추려고 지은 죄를 용서하소서.
외식과 가식과 허식으로 주님의 은혜를 소멸하며 살아온
나의 모든 죄를 용서하여 주시기를 원합니다.
주님을 온전히 신뢰하지 않고 불신의 마음으로
알고 지은 죄와 고의로 지은 죄를 용서하소서.
눈을 떠도 감아도 떠오르는 죄악 탓에 심신이 괴로우니
주여 나의 부르짖는 기도를 들으셔서 용서하여 주시기를 원합니다.
주님이 나의 구주이심을 알면서도
나의 이익만을 원하며 지은 죄를 용서하여 주시기를 원합니다.
나의 재미만을 원하며 지은 죄를 용서하여 주시기를 원합니다.
나의 행복만을 원하며 지은 죄를 용서하여 주시기를 원합니다.
나의 쾌락만을 원하며 지은 죄를 용사하여 주시기를 원합니다.
불순하고 악한 마음으로 지은 죄를 용서하소서.
불평불만으로 스스로 만든 죄악을 용서하여 주시기를 원합니다.
질투와 시기로 남을 헐뜯은 죄악을 용서하여 주셔서
성령 충만으로 새롭게 변화시켜 주시기를 원합니다.
죄악의 사슬에서 자유로워질 수 있도록 회개할 수 있는
마음의 문을 활짝 열어주시기를 원합니다.
"누구든지 주의 이름을 부르는 자는
구원을 얻으리라 하였느니라"(사도행전 2:21)
말씀을 믿사오니 주여 주님의 이름으로 부르며
회개하오니 용서하여 주시기를 원합니다.

"네가 만일 네 입으로 예수를 주로 시인하며
또 하나님께서 그를 죽은 자 가운데서 살리신 것을
네 마음에 믿으면 구원을 얻으리니
사람이 마음으로 믿어 의에 이르고
입으로 시인하여 구원에 이르느니라"(로마서 10:9-10)
주님의 이름을 고백하고 시인하고 전하며
구원을 받게 하여 주시기를 원합니다.
죄에 약하고 쉽게 흔들리는 나의 마음을
성령의 은혜로 바꾸어주셔서
주 안에서 새 사람이 되게 하여 주시기를 원합니다.
피곤과 스트레스로 남을 괴롭힌 죄악을
용서하여 주시기를 원합니다.
주여! 나의 죄악을 사하여 주시기를 원합니다.
수백 번 수천 번 외치고 구하여도 좋사오니
주여 나의 죄를 용서하여 주시기를 원합니다.
나의 마음의 갈증을 해갈시키기 위하여
허망한 것들과 허무한 것들을 쫓아다니던 죄를
용서하여 주시기를 원합니다.
나의 죄악이 날마다 나를 붙잡고
옥죄이고 비틀어대고 힘들게 하오니
주여, 나의 모든 죄를 사하여 주시기를 원합니다.
주님의 은혜와 인도하심을
점술처럼 행하려 한 죄를 용서하여 주시고

항상 받기만을 바라는 기복적인 신앙을
바르게 인도하여 주시기를 원합니다.
나의 행동이나 말투로 남에게 해를 입히고
상처를 입히며 범한 죄를 용서하여 주시기를 원합니다.
위장하고 가장하고 감추려 했던 어리석은 행동과
내가 저지른 죄를 용서하여 주시기를 원합니다.
주님의 일을 솔선수범하여 하지 못하고
나 몰라라 방관했던 죄를 용서하여 주시기를 원합니다.
주님의 은혜와 사랑 외에는 아무것도 바라지 않게 하시고
나의 모든 욕심과 욕망과 죄악을 하나도 남김없이 다 버리고
용서받게 하여 주시기를 원합니다.
"악인은 그 길을, 불의한 자는 그 생각을 버리고
여호와께로 돌아오라 그리하면 그가 긍휼히 여기시리라
우리 하나님께로 나아오라 그가 널리 용서하시리라"(이사야 55:7)
말씀처럼 하나님께 돌아오니 용서하여 주시기를 원합니다.
주님의 말씀과 인도하심을 따르게 하시고
잘 지키고, 잘 견디게 하여 주셔서
믿음이 반석 위에 서게 하여 주시기를 원합니다.
주여 나의 죄악을 복음의 등불로 밝혀주셔서
죄악으로 인하여 그늘진 곳이 하나도 없게 하시고
주님 은혜의 햇살이 가득하게 하여 주시기를 원합니다.
주님 복음의 빛으로 성령의 은혜로
내 마음속 죄악의 어두운 구석구석을 비추어주셔서

용서하여 주시기를 원합니다.
"친히 나무에 달려 그 몸으로 우리 죄를 담당하셨으니
이는 우리로 죄에 대하여 죽고 의에 대하여 살게 하려 하심이라
저가 채찍에 맞음으로 너희는 나음을 얻었나니"(베드로전서 2:24)
말씀처럼 십자가의 사랑으로 구원하여 주심에 감사드립니다.
늘 죄악을 생각하고 죄악을 저지르고 싶어 하는
악하고 못된 습성들을 남김없이 버리게 하시고
주님의 은혜로 정결한 마음을 갖게 하여 주시기를 원합니다.
내가 한때는 즐기며 좋아했던 죄악이
올무가 되어 나를 묶어놓고 조롱하옵니다.
"너는 기도할 때에 네 골방에 들어가 문을 닫고
은밀한 중에 계신 네 아버지께 기도하라
은밀한 중에 보시는 네 아버지께서 갚으시리라"(마태복음 6:6)
말씀처럼 주여, 나의 기도를 들어주셔서 응답하여 주소서.
주여, 나의 모든 죄를 용서하여 주시기를 원합니다.
추악한 죄를 처절하게 회개하여
맑고 희게 용서받게 하여 주시기를 원합니다.
주여, 나의 모든 죄악을 통회 자복하오니
하나도 남김없이 기억도 하지 마시고 용서하여 주소서.
죄를 가리기 위해 지은 죄를 용서하소서.
죄를 짓고서도 의롭게 생각하던 죄를 용서하소서.
주님을 따르지 못하고 믿음에서 멀리 떠나
악의로 고의로 지은 죄를 용서하여 주소서.

"예수께서 대답하여 가라사대
건강한 자에게는 의원이 쓸데없고 병든 자에게라야 쓸데 있나니
내가 의인을 부르러 온 것이 아니요
죄인을 불러 회개시키러 왔노라"(누가복음 5:31-32)
나 같은 죄인을 불러 회개시키려 이 땅에 오신 주님께
나의 죄를 전부 회개하오니 용서하여 주소서.
주님의 피로 씻겨진 거룩한 성도답게 합당하게 행하여
주님을 기쁘게 하는 삶을 살게 하여 주시고
날마다 믿음으로 선한 열매를 맺는 삶을 살게 하여 주소서.
이 지상의 삶은 한순간인데도 영원할 줄 착각하여
주님을 온전히 섬기지 못하고 지은 모든 죄를 떠나서
용서받게 하여 주시기를 원합니다.
"그러나 귀신들이 너희에게 항복하는 것으로 기뻐하지 말고
너희 이름이 하늘에 기록된 것으로 기뻐하라 하시니라"
(누가복음 10:20)
나의 이름이 용서받고 하늘에 기록된 것을 믿으니
주님의 사랑으로 기뻐하게 하여 주시기를 원합니다.
"예수께서 이르시되 내가 진실로 네게 이르노니
오늘 네가 나와 함께 낙원에 있으리라 하시니라"(누가복음 23:43)
말씀을 믿고 회개하여 주님의 나라에
주님과 함께 거하게 하여 주시기를 원합니다.
삶 속에 죄가 있으면 어떠한 행위로도 구원받을 수 없사오니
나의 죄가 안개의 사라짐같이 사라지게 하여 주시기를 원합니다.

오직 예수 그리스도의 이름으로 고백하며
구원을 받게 하여 주시기를 원합니다.
"주께서 나를 모든 악한 일에서 건져내시고
또 그의 천국에 들어가도록 구원하시리니
그에게 영광이 세세 무궁토록 있을찌어다 아멘"(디모데후서 4:18)
우리 주 예수 그리스도 이름으로 기도합니다. 아멘!

2
생각으로 지은 죄를 용서하소서!

오, 주님!
주님께서 우리의 생각을 허락하시고 아시고
살피시고 인도하여 주시는 줄 믿습니다.
세상에서 일어나는 모든 죄악은 생각에서 시작되오니
주여, 나의 생각을 지켜주시기를 원합니다.
생각이 악의 꼬리를 물고 일어나
잡되고 더럽고 추악한 생각으로 지은
나의 모든 죄를 용서하여 주시기를 원합니다.
생각이 움직여 행동을 만들고 죄를 짓게 하고 타락하게 하오니
주여, 나의 생각을 붙잡아주시기를 원합니다.

나의 생각으로 지은 죄를 눈물로 회개하오니
용서하여 주시기를 원합니다.
나의 생각이 죄를 만든 것을 용서하여 주시기를 원합니다.
나의 생각이 죄악을 꾸며놓은 것을 용서하여 주시기를 원합니다.
나의 생각이 죄악을 조작한 것을 용서하여 주시기를 원합니다.
나의 생각이 주님의 뜻을 저버리게 만든 것을
용서하여 주시기를 원합니다.
나의 생각이 가족과 이웃을 괴롭힌 것을 용서하여 주시기를 원합니다.
나의 생각이 만든 헛된 꿈을 용서하여 주시기를 원합니다.
나의 생각이 온갖 죄악을 상상하여
그려놓은 죄를 용서하여 주시기를 원합니다.
그 죄악의 생각에 빠져 지은 죄를 용서하여 주시기를 원합니다.
주님의 불꽃 같은 눈으로 나의 죄악을 살피사
나로 하여금 깨닫게 하여 주시고
통회 자복하여 용서받게 하여 주시기를 원합니다.
"여호와여 나의 기도를 들으시며
나의 부르짖음에 귀를 기울이소서
내가 눈물 흘릴 때에 잠잠하지 마옵소서
대저 나는 주께 객이 되고 거류자가 됨이.
나의 모든 열조 같으니이다"(시편 39:12)
말씀처럼 나의 부르짖음을 들어주사
나를 죄를 한탄하며 회개하오니 용서하여 주시기를 원합니다.
나의 생사회복을 주관하시는 주님께서

생각 속에서 찾아와 주셔서 잡다한 생각에서 벗어나
정결한 마음으로 살아가게 하여 주시기를 원합니다.
번잡한 생각에서 벗어나게 하여 주시고
삶에 질서를 찾게 하여 주시기를 원합니다.
갈피를 못 잡는 생각에서 벗어나
삶의 중심을 정하게 하여 주시기를 원합니다.
방심하는 생각에서 벗어나
갈 길을 제대로 가게 하여 주시기를 원합니다.
나의 삶 속에서 이루어지는 모든 생각을 정리하게 하시고
갈팡질팡하는 마음으로 죄를 짓던 삶에서 떠나
정돈된 마음으로 주님을 섬기는 삶을
살아가게 하여 주시기를 원합니다.
"그러므로 너희가 회개하고 돌이켜 너희 죄 없이 함을 받으라
이같이 하면 유쾌하게 되는 날이
주 앞으로부터 이를 것이요"(사도행전 3:19)
주님의 말씀을 믿으니 주여 용서하여 주시고
새롭게 하여 주시기를 원합니다.
인간의 생각은 항상 부질없는 것으로 방황하고 번민하오니
온전한 마음으로 주님을 바라보며
믿음으로 살게 하여 주시기를 원합니다.
나의 생각이 나약하고 온전하지 못함을 아오니
주여, 충만한 은혜를 받기를 원합니다.
늘 부족하고 연약한 나의 생각 속에도

주님께서 찾아와 주셔서 변화시켜 주시기를 원합니다.
옳지 않은 생각에서 벗어나 바른 생각을 하게 하시고
더럽고 추악하고 사악한 욕심과 욕망에 젖은 생각으로
저지른 죄를 용서하소서.
나의 죄 때문에 주님 앞에 엎드려 울게 하소서.
나의 죄 때문에 주님 앞에 엎드려 통곡하게 하소서.
나의 죄 때문에 주님 앞에 엎드려 절규하게 하소서.
나의 죄 때문에 주님 앞에 엎드려 회개하게 하소서.
나의 죄 때문에 주님 앞에 엎드려 간구하게 하소서.
생각으로 간음하고, 살인하고, 도적질하고, 미워하고, 질투하고,
시기하고, 변절하고, 배반하고, 모함한 죄를 용서하소서.
"스스로 속이지 말라
하나님은 만홀히 여김을 받지 아니하시나니
사람이 무엇으로 심든지 그대로 거두리라
자기의 육체를 위하여 심는 자는
 육체로부터 썩어진 것을 거두고
성령을 위하여 심는 자는
성령으로부터 영생을 거두리라"(갈라디아서 6:7-8)
말씀처럼 모든 일에 성령의 인도하심을 받아
성령으로부터 영생을 얻게 하여 주시기를 원합니다.
추악하고 잘못된 생각이 마음과 영혼에 세균처럼 번져
황폐해지고 거칠어지고 더럽혀지고 추악해지고 사악해져서
영혼이 더 큰 죄를 범치 않게 하여 주시기를 원합니다.

어떤 생각을 하고 행동하느냐에 따라서
주님께 영광을 돌릴 수도 있고 죄악을 저지를 수도 있사오니
주여, 나의 생각을 주관하여 주시기를 원합니다.
삶 속에서 잘못되고 그릇되고 부정한 것을 극복할 수 있는
믿음의 담력을 주시기를 원합니다.
수많은 권모술수를 만들어
모든 담을 넘고 모든 길로 도망치려 하여도
언제나 주님의 손길 안이오니
하찮은 생각으로 삶의 시간을 낭비하지 않게 하시고
주님 앞에 무릎을 꿇고 기도함으로
인도하심을 받게 하여 주시기를 원합니다.
"하나님의 말씀은 살았고 운동력이 있어
좌우에 날선 어떤 검보다도 예리하여
혼과 영과 및 관절과 골수를 찔러 쪼개기까지 하며
또 마음의 생각과 뜻을 감찰하나니
지으신 것이 하나라도 그 앞에 나타나지 않음이 없고
오직 만물이 우리를 상관하시는 자의 눈앞에
벌거벗은 것 같이 드러나느니라"(히브리서 4:12-13)
말씀처럼 나의 모든 것을 가장 세밀하고 치밀하게 아시는 주님께서
나의 죄를 결산하시고, 청소하여 주시고
치유하여 주시고 용서하여 주시기를 원합니다.
나의 마음을 옥토로 가꾸어 믿음을 심어
삼십 배 육십 배 백 배의 열매를 맺게 하여 주시기를 원합니다.

나의 생각이 곧아지고 마음이 순수해져서
주님의 온유하시고 겸손하신 마음을 닮아가게 하소서.
나의 생각에 사악한 뿌리가 깊이 박히지 않도록
항상 인도하여 주시고 언제나 함께하여 주시고
도와주시기를 원합니다.
주님의 은혜로 나의 삶이 지옥에서 천국으로 바뀌었사오니
주여, 감사와 찬양과 영광을 돌립니다.
나의 고집대로, 느낌대로, 습관대로 살지 않게 하여 주시고
생명의 말씀 따라 성령의 인도하심 따라
살게 하여 주시기를 원합니다.
주님의 뜻대로 내 마음을 움직여주시기를 원합니다.
은밀한 죄악을 키워 죄를 짓고
주님의 영광을 가리는 행동으로 옮기지 않게 하소서.
몸과 마음이 나쁜 생각으로 병들지 않게 하시고
주의 말씀과 성령의 인도하심으로
더럽고 추한 탐욕의 수렁에서 벗어나게 하소서.
성결한 생각으로 생각과 행동이 조화를 이루어
성결한 삶을 삶게 하소서.
"여호와께서 말씀하시되 오라 우리가 서로 변론하자
너희 죄가 주홍 같을찌라도 눈과 같이 희어질 것이요
진홍 같이 붉을찌라도 양털 같이 되리라"(이사야 1:18)
말씀으로 우리의 죄악을 용서하여 주셔서
깨끗하게 하여 주시기를 원합니다.

주님의 말씀에서 진리를 깨달아 모든 죄악을 성령의 은혜로
회개하여 용서받게 하여 주시기를 원합니다.
늘 되풀이되는 잘못된 생각 속에서도
죄를 숨기고 싶은 충동에서 벗어나게 하소서.
자비로우신 주님, 긍휼히 여기사 주님의 넓은 품에 안아주시고
생각으로 지은 죄를 용서하여 주시기를 원합니다.
주님을 십자가에 못 박은 못 하나 하나가 나의 죄악 때문이오니
주여 용납하여 주시고 인도하여 주시기를 원합니다.
주님의 은혜가 위대하고 강함을 알면서도
생각으로 저지른 죄들을 용서하여 주시기를 원합니다.
나 스스로 나의 인생을 주관하면 죄를 지을 수밖에 없으니
주여, 나를 인도하여 주시기를 원합니다.
"복음에는 하나님의 의가 나타나서 믿음으로 믿음에 이르게 하나니
기록된바 오직 의인은 믿음으로 말미암아 살리라 함과 같으니라"
(로마서 1:17)
말씀처럼 오직 믿음으로 살게 하여 주시기를 원합니다.
늘 부정적이고 옹졸하고 부족하기만 한 생각 속에서
주님의 뜻을 어기려 했던 죄를 용서하여 주시기를 원합니다.
아무리 안간힘을 쓰고 발버둥을 쳐도
죄악에서 스스로 벗어날 수 없음을 고백하오니
주님께서 나의 죄를 용서하여 주시기를 원합니다.
삶을 자신의 의지만으로도 바꿀 수 있다는 생각을 버리고
성령의 인도하심을 받게 하여 주시기를 원합니다.

주님이 가시면류관을 쓰신 것도
나의 죄악을 용서하여 주시기 위함이니
주여, 나의 죄를 사하여 주시기를 원합니다.
주님의 옆구리에 창이 찔림도 나의 죄 때문이니
주여, 나의 모든 죄를 용서하여 주시기를 원합니다.
주님께서 나의 기도의 골방에 찾아오셔서
나의 간절한 기도를 들어주시기를 원합니다.
도적질할 생각을 하니까 도적질하는 것이요,
간음하려는 생각을 하니까 간음하는 것이요,
해치려는 생각을 하니까 남에게 해를 가하는 것이니
주여, 나의 생각을 주관하여 주시고 인도하여 주시기를 원합니다.
주님은 나의 힘이요 나의 권세이시니
죄 중에 빠져 있는 나를 건져주시기를 원합니다.
강하고 흔들림 없이 한정 없이 회개하여
주님의 용서를 받게 하시기를 간절히 원합니다.
나의 마음속에 숨어 있는 불신의 마음을 제하여 주사
주님의 보혈로 깨끗하게 씻어주시기를 원합니다.
죄악이 만들어놓은 최악의 상황에서 끌어내 주셔서
마음의 평안을 되찾게 하여 주시기를 원합니다.
주님을 믿음을 기뻐하게 하여 주시기를 원합니다.
주님을 믿음을 즐거워하게 하여 주시기를 원합니다.
주님을 믿음을 감동하게 하여 주시기를 원합니다.
주님을 믿음을 감격하게 하여 주시기를 원합니다.

주님을 믿음을 믿음으로 동참하게 하여 주시기를 원합니다.
어떠한 경우에도 죄악 때문에 믿음을 포기하는 어리석음을
범치 않게 하사 믿음에 믿음을 주시기를 원합니다.
주님 안에서 모든 것이 가능하오니 주님을 온전히 신뢰하며
순종하며 따르게 하여 주시기를 원합니다.
이 땅에 쌓아놓은 물질과 명예와 권세만으로는 구원받을 수 없으니
주님의 십자가의 보혈과 주님의 이름으로
온전히 구원받게 하여 주시기를 원합니다.
"예수는 우리 범죄함을 위하여 내어줌이 되고
또한 우리를 의롭다 하심을 위하여 살아나셨느니라"(로마서 4:25)
다시 주님을 신뢰하며 믿고 따르게 하여 주시기를 원합니다.
나 혼자 무엇인가를 이루겠다는 생각을 버리고
생각까지 찾아와 주시고 인도하여 주시는
주님의 인도하심을 받게 하여 주시기를 원합니다.
생각으로 주님을 의심하는 죄를 범하지 않게 하여 주시기를 원합니다.
생각으로 주님을 신뢰하지 못하는 죄를
범하지 않게 하여 주시기를 원합니다.
생각으로 주님을 불신하는 죄를 범하지 않게 하여 주시기를 원합니다.
생각으로 주님을 따르지 못하는 죄를
범하지 않게 하여 주시기를 원합니다.
성령의 인도하심으로 나의 삶에 변화의 바람이
일어나게 하여 주시기를 원합니다.
주님의 진리를 깨달아 알게 하시고

진리의 자유를 누리게 하여 주시기를 원합니다.

주님의 손길로 인도하사 천국에 이르게 하여 주시기를 원합니다.

온갖 죄악이 마음에서 나를 억압하여

논쟁을 부릴 때에도 현혹되지 말고 주님 앞에 고하여

용서받게 하여 주시기를 원합니다.

사단이 나의 생각 속에서 주님을 부인하고 원망하면서

주님을 떠나게 하려는 못된 생각을 집어넣지 않도록

인도하여 주시기를 원합니다.

한가한 시간일수록 기도하고 말씀을 상고하여

죄를 짓고 싶어 하는 마음을 만들지 않게 하여 주시기를 원합니다.

죄악으로 썩어 들어가 낡을 대로 낡은 마음을

주님의 은혜로 새롭게 변화받게 하여 주시기를 원합니다.

죄를 깨닫고 눈물로 기도하고 간구함으로

나의 영혼 속에서 회개가 터져나오게 하여 주시기를 원합니다.

나의 몸이 깨우침을 받아 회개하게 하여 주시기를 원합니다.

나의 삶이 깨우침을 받아 회개하게 하여 주시기를 원합니다.

나의 마음을 열어 창조주 하나님을

온전히 바라보게 하여 주시기를 원합니다.

나의 삶 속에서 주님의 능력을

온전히 바라보게 하여 주시기를 원합니다.

나에게 주어진 시간 속에서 주님의 뜻을

온전히 발견하게 하여 주시기를 원합니다.

나의 눈앞에서 펼쳐지는 주님의 긍휼을

온전히 바라보게 하여 주시기를 원합니다.
나의 생각만으로는 한 치 앞도 내다볼 수 없으니
이 세상을 창조하시고 영원무궁하신
주님께서 인도하여 주시기를 원합니다.
잘못된 믿음으로 주님께로 나아갈 수 없으니
진실한 믿음을 주시기를 원합니다.
"오직 우리 주 곧 구주 예수 그리스도의 은혜와
저를 아는 지식에서 자라 가라
영광이 이제와 영원한 날까지 저에게 있을찌어다"(베드로후서 3:18)
말씀처럼 주님을 아는 지식이 자라나
영원한 날에 이르게 하여 주시기를 원합니다.
믿음의 눈을 크게 뜨고 나를 바라보게 하사
죄악을 깨달아 용서받게 하여 주시기를 원합니다.
우리 주 예수 그리스도의 이름으로 기도합니다. 아멘!

3
온전히 예배드리지 못한 죄를 용서하소서!

찬양과 경배를 무한하게 받으시고
예배를 받으시기에 합당하신 하나님!
하나님께 예배드림은 나를 만들어주시고 인도하시는
전지전능하신 하나님께 마땅히 행할 일이오니
온 마음과 정성을 다하여 예배드리게 하여 주시기를 원합니다.
우리가 신령과 진정으로 온 마음과 온 정성을 다하여
주님을 찬양하고 경배하며 예배를 드리게 하옵소서.
주 예수 그리스도 주님이 이 땅에 우리들의 모습으로 오셔서
친히 십자가 달리사 고난을 당하시고 죄를 대속하여 주신
측량할 수 없는 넓고 깊은 구속의 사랑을 믿습니다.

나의 몸과 마음과 영혼 깊이 새기게 하여 주시고
주님께 예배드림을 항상 기뻐하며 감사하며 살게 하옵소서.
주님 보혈의 피로 구속함을 받은 은혜가
한량없이 크고 위대함을 알면서도
주님께 신령과 진정으로 예배드리지 못함을 회개하오니
주여 나의 모든 것을 용서하여 주시기를 원합니다.
신령과 진정으로 예배드리는 자들을 찾으시는 하나님께
마음으로 온전한 예배와 찬양을 드리지 못하고
늘 형식적인 예배를 드리며 아무 생각 없이 예배당 자리만 채우고
시간만 보냈던 순간들을 용서하여 주시기를 원합니다.
"그러므로 형제들아 내가 하나님의 모든 자비하심으로
너희를 권하노니 너희 몸을
하나님이 기뻐하시는 거룩한 산 제사로 드리라
이는 너희의 드릴 영적 예배니라"(로마서 12:1)
말씀처럼 우리의 모든 것을 영적인 산 제물로 드릴 수 있는
믿음을 주시기를 원합니다.
예배를 드리기보다 바라보고 설교를 분석하려 했던 죄,
찬양대 찬양을 평가하려 했던 죄,
주님의 영광을 드러내기보다 예배에 참석하여 자리만 채운 죄,
진정한 기도를 드리기보다 형식적인 기도로
때로는 기도하는 흉내만 내었던 죄,
예배 시간을 지루해 하며 끝나기만 바라던 죄,
예배당에 예배를 드리기보다 사람을 만나러 간 죄,

예배를 드리기보다 식사 시간을 기다리던 죄,
예배당에 옷 자랑 돈 자랑 권세 자랑하러 간 죄,
예배당 사람들을 출세의 도구로 삼았던 죄를
용서하여 주시기를 원합니다.
행함이 없는 믿음을 가졌으면서도 주님 앞에 의로운 척
복 받기만을 원했던 죄를 용서하여 주시기를 원합니다.
주님을 볼 수 없기에 주님이 눈앞에 보이지 않기에
사람만을 바라보고 실망하고 원망한 죄를 회개하오니
용서하여 주시기를 원합니다.
"우리가 마음에 뿌림을 받아 양심의 악을 깨닫고
몸을 맑은 물로 씻었으니 참 마음과 온전한 믿음으로
하나님께 나아가자"(히브리서 10:22)
말씀처럼 이 시간 온전한 믿음으로 회개하며
하나님께 나아가게 하여 주시기를 원합니다.
일체의 거짓에서 떠나 진실함 마음으로
주님을 경배하며 예배드리게 하여 주시고
예배 속에 주님께서 함께하여 주시기를 원합니다.
세상살이 중에 한 것이라고는 죄 지은 일밖에 없사오니
이 죄인의 모습으로 어떻게 주님 앞에 서겠습니까.
이 죄인의 모습으로 어떻게 주님께 온전한 예배를 드리겠습니까.
이 죄인의 모습으로 어떻게 주님을 만나겠습니까.
주여! 나의 죄악을 용서하여 주시고
새롭게 하여 주시기를 원합니다.

모든 예배를 주님의 이름으로 드리게 하사
지나온 삶 속에서 예배를 잘못 드린 죄를
다 씻어주시고 용서하여 주시기를 원합니다.
찬송을 부를 때 입술만 달싹거리고 제대로 부르지 않았음을
좀 더 간절하게 찬양하고 기도하지 못했음을
고백하오니 용서하여 주시기를 원합니다.
세상 일을 분주히 여기며 피곤한 척
형식적으로 예배드린 죄를 용서하여 주시기를 원합니다.
"이제 인내와 안위의 하나님이 너희로 그리스도 예수를 본받아
서로 뜻이 같게 하여 주사 한 마음과 한 입으로
하나님 곧 우리 주 예수 그리스도의 아버지께
영광을 돌리게 하려 하노라"(로마서 15:5-6)
말씀처럼 한 마음과 한 입으로 하나님께 영광을 돌리는 예배를
경건하고 진실하게 드리게 하여 주시기를 원합니다.
주님께 드리는 예배가 참으로 소중한 것임을 알면서도
진실하게 깨닫지 못하고 소홀히 행함을
용서하여 주시기를 원합니다.
예배드리려 하지 않고 예배를 들여다보는
못된 마음을 가진 것을 용서하여 주시기를 원합니다.
예배드리려 하지 않고 그냥 스쳐 지나가려 했던 것을
주여, 용서하여 주시기를 원합니다.
주님께 찬송과 기도와 헌금을 드리는 시간에도
주님께 온전한 마음으로 드리지 못하고

형식적으로 습관적으로 드렸음을 고백하오니
나의 모든 불순한 죄를 용서하여 주시기를 원합니다.
"여호와여 오직 주께 내가 부르짖었사오니
아침에 나의 기도가 주의 앞에 달하리이다"(시편 88:13)
말씀처럼 나의 기도가 하나님 앞에
상달되게 하여 주시기를 원합니다.
구원의 주님! 예배 속에서 진심으로 회개하오니
용서하여 주셔서 천국 백성이 되게 하시고
주님이 주시는 영원한 기쁨을 누리게 하여 주시기를 원합니다.
예배를 드릴 때마다 회개할 수 있도록 마음을 열어주셔서
주님의 은혜 가운데 살게 하여 주시기를 원합니다.
남을 의식하며 아무 생각도 없이 고개만 숙이고
아무런 고백도 없이 기도했던 것들을 용서하여 주시기를 원합니다.
주님께 예배를 드림이 지상의 삶 속에 주신 축복임을 망각하고
기쁨으로 드리지 못함을 용서하여 주시기를 원합니다.
주님께 예배드리며 성찬을 받을 때 지은 죄가 있으면
용서하여 주시기를 원합니다.
주님의 성찬을 아무런 의미 없이 먹고 마시고
주님의 피와 살을 아무런 의미 없이 받아들였음을 고백하오니
용서하여 주시기를 원합니다.
성찬을 통하여 십자가 대속의 사랑을 깨닫지 못한 것을
용서하여 주시기를 원합니다.
"예수께서 이르시되 내가 진실로 진실로 너희에게 이르노니

인자의 살을 먹지 아니하고 인자의 피를 마시지 아니하면

너희 속에 생명이 없느니라

내 살을 먹고 내 피를 마시는 자는 영생을 가졌고

마지막 날에 내가 그를 다시 살리리니

내 살은 참된 양식이요 내 피는 참된 음료로다

내 살을 먹고 내 피를 마시는 자는

내 안에 거하고 나도 그 안에 거하나니

살아 계신 아버지께서 나를 보내시매

내가 아버지로 인하여 사는 것같이

나를 먹는 그 사람도 나로 인하여 살리라

이것은 하늘로서 내려온 떡이니

조상들이 먹고도 죽은 그것과 같지 아니하여

이 떡을 먹는 자는 영원히 살리라"(요한복음 6:53-58)

말씀처럼 주님의 성찬에 동참하여 새 생명을 얻어

구원받게 하여 주시기를 원합니다.

예배는 주님께 구원받은 거룩한 백성들이 마땅히 행할 일이 오니

몸과 마음을 다 드려 주님께 찬송과 영광과

감사를 드리게 하여 주시기를 원합니다.

예배드림을 통하여 삶이 겸손하게 하여 주시고

예배드림을 통하여 삶이 온유하게 하여 주시고

예배드림을 통하여 삶을 사랑하게 하여 주시고

예배드림을 통하여 삶을 단정하게 하시고

주님의 인도하심과 사랑에 날마다 만족하는 삶을

살게 하여 주시기를 원합니다.
예배드림을 통하여 나의 삶이 거듭나게 하여 주시기를 원합니다.
예배드림을 통하여 이 땅에 죄를 사하려 오신
주님의 엄청난 사랑을 마음 깊이 깨닫게 하여 주시고
그 사랑을 받은 자로서 복음의 역사를 삶 속에 나타내는 삶을
살게 하여 주시기를 원합니다.
주님 앞에 온전한 예배를 드리고 용서받지 못하면
죄악이 울음을 만들고 마음을 괴롭게 하오니
주여, 나의 모든 죄를 용서하여 주시기를 원합니다.
예배드림 속에 받는 주님의 은혜에 기뻐하며
주 안에서 웃을 수 있는 기쁨 속에
항상 감사하며 살게 하여 주시기를 원합니다.
헌금한 액수를 자랑하고 공포했던 죄를 용서하여 주시고
주님의 일을 한 것을 인간적인 자랑거리로 만든
죄악을 용서하여 주시기를 원합니다.
주님께 드려야 할 헌금을 제대로 드리지 않고
다른 곳에 쓴 죄를 용서하여 주시기를 원합니다.
온전한 십일조를 드리지 않음을 용서하여 주시기를 원합니다.
예배를 통하여 주님을 영접하고 나의 삶이 구원받고 변화된 것처럼
회개의 기도를 통하여 용서받아
천국에 들어가게 하여 주시기를 원합니다.
예배드림을 통하여 온갖 죄를 씻어내고
의로 주님과 하나가 된 삶을 살게 하여 주시고

늘 온유하게 모든 일에 인내하며
사랑과 기쁨 속에 살게 하여 주시기를 원합니다.
예배드림을 통하여 늘 감사하는 삶을 살게 하여 주시고
죄악의 어둠을 거둬내고 빛 가운데 살아가는
성도의 삶을 살게 하여 주시기를 원합니다.
예배드림을 통하여 지식과 지혜가 자라게 하시고
날마다 열매 맺는 삶을 살게 하여 주시기를 원합니다.
예배의 자리에 앉아 자리만 채우는 것이 아니라
마음속에서 우러나는 진심으로 예배드리게 하소서.
"예수께서 가라사대 네 마음을 다하고 목숨을 다하고
뜻을 다하여 주 너의 하나님을 사랑하라 하셨으니"(마태복음 22:37)
말씀처럼 온 마음과 온 목숨을 다하여
주님을 사랑할 수 있는 믿음을 주시기를 원합니다.
예배드리면서도 가족과 성도와 이웃에 대한 미움의 마음을 품고
이해하고 배려하지 못하고 용서하지 못한 죄를
용서하여 주시기를 원합니다.
삶 속에서 순간마다 주님의 이름을 온전히 부르며
예배드리게 하여 주시기를 원합니다.
이 땅의 교회들이 하나님께 드리는 예배에
구원의 감격을 갖게 하여 주시기를 원합니다.
이 땅의 가정들이 사랑과 신앙과 화목이
회복되게 하여 주시기를 원합니다.
이 땅의 젊은이들의 꿈이 이루어지게 하여 주시기를 원합니다.

이 나라 이 민족과 교회가 열방의 빛이 되게 하여 주시기를 원합니다.
"나의 힘이 되신 여호와여 내가 주를 사랑하나이다
여호와는 나의 반석이시요 나의 요새시오 나를 건지시는 자시오
나의 하나님이시오 나의 피할 바위시오 나의 방패시오
나의 구원의 뿔이시요 나의 산성이시로다
내가 찬송 받으실 여호와께 아뢰리니
내 원수들에게서 구원을 얻으리로다"(시편 18:1-3)
말씀처럼 하나님께서 구원하여 주시기를 원합니다.
하나님의 부르심에 온전히 행하지 못한 죄를
용서하여 주시기를 원합니다.
주님의 이름을 함부로 사용하고 도용하고 빙자한 죄를
용서하여 주시기를 원합니다.
교만한 마음을 버리고 하나님께 예배를 드리며
신실한 마음으로 참된 기도를 통하여
온전한 회개의 기도를 드리게 하여 주시기를 원합니다.
주여! 주님의 이름으로 기도하게 하여 주시기를 원합니다.
주여! 성경 말씀의 약속으로 응답하여 주시기를 원합니다.
"교회는 그의 몸이니 만물 안에서
만물을 충만케 하시는 자의 충만이니라"(에베소서 1:23)
"자기 앞에 영광스러운 교회로 세우사
티나 주름잡힌 것이나 이런 것들이 없이
거룩하고 흠이 없게 하려 하심이니라"(에베소서 5:27)
말씀처럼 주의 교회가 거룩하고 충만하게 하여 주시기를 원합니다.

주여! 나의 기도가 양이 아무리 많아도
주님께서 응답하여 주시지 않으면
허공에 울리는 메아리일 뿐이니 기도를 들어주소서.
주님의 이름을 거룩하게 사용하지 못하고
사람의 이름처럼 불순하게 사용함을 용서하여 주시기를 원합니다.
성경책을 함부로 사용하고 함부로 버린 죄를
용서하여 주시기를 원합니다.
성경을 읽지 않고 게으름을 피우며 산 죄를
용서하여 주시기를 원합니다.
나의 삶이 예배가 되기를 바라면서도 늘 죄악 속에서 살며
주님의 이름을 온전히 찬양하지 못한 죄를
용서하여 주시기를 원합니다.
주일을 온전히 성수하지 못한 죄를 용서하여 주시기를 원합니다.
"만일 안식일에 네 발을 금하여 내 성일에 오락을 행치 아니하고
안식일을 일컬어 즐거운 날이라,
여호와의 성일을 존귀한 날이라 하여
이를 존귀히 여기고 네 길로 행치 아니하며
네 오락을 구치 아니하며 사사로운 말을 하지 아니하면
네가 여호와의 안에서 즐거움을 얻을 것이라
내가 너를 땅의 높은 곳에 올리고 네 조상 야곱의 업으로 기르리라
여호와의 입의 말이니라"(이사야 58:13-14)
말씀처럼 주님의 날을 거룩하게 여기며
하나님께 찬송과 기도와 말씀으로 예배를 드리고

영광을 돌리게 하여 주시기를 원합니다.
나를 위해 죄의 짐을 지시기 위하여 이 땅에 오셔서
우리의 삶을 체휼하셔서 목마르시고
눈물을 흘리시고 기도하시고
죄의 짐을 지시고 십자가에 달리사
나의 죄를 대속하여 주신 주님께 감사를 드리오니
받아주시기를 원합니다.
주님의 십자가 구원의 사랑에 무한 감사를 드립니다.
주여! 나의 죄를 용서하여 주시기를 원합니다.
주여! 나의 죄를 용서하여 주시기를 원합니다.
주여! 나의 죄를 용서하여 주시기를 원합니다.
죄를 짓게 하는 마음에서 벗어나게 하여 주시기를 원합니다.
죄를 짓게 하는 사단의 유혹에서 벗어나게 하여 주시기를 원합니다.
죄를 짓게 하는 사람들 속에서 벗어나게 하여 주시기를 원합니다.
죄를 짓게 하는 환경 속에서 벗어나게 하여 주시기를 원합니다.
죄를 짓게 하는 장소에 가지 않게 하여 주시기를 원합니다.
주님의 임재를 원하며 회개함으로 용서받기를 원합니다.
회개의 기도를 드릴 때 방해하는 모든 것에서 벗어나
진실하게 기도드리게 하여 주시기를 원합니다.
"구하라 그러면 너희에게 주실 것이요
찾으라 그러면 찾을 것이요
문을 두드리라 그러면 너희에게 열릴 것이니
구하는 이마다 얻을 것이요 찾는 이가 찾을 것이요

두드리는 이에게 열릴 것이니라"(마태복음 7:7-8)
말씀처럼 구하고 찾고 두드리오니 응답하여 주시기를 원합니다.
나의 삶이 예배가 될 수 있도록
성령께서 인도하여 주시기를 원합니다.
나의 구원이 되시는 주님을 온 마음을 다하여
예배하고 경외하게 하여 주시기를 원합니다.
우리 주 예수 그리스도 이름으로 기도합니다. 아멘!

4
행함이 없는 믿음을 용서하소서!

사랑의 주님!
주님의 거룩한 보혈로 구원받았음에도 불구하고
행함이 없는 믿음은 죽은 믿음이오니 용서하여 주셔서
살아서 행동하고 움직이고 결실이 있는
살아 움직이는 산 믿음이 되기를 원합니다.
죄악이 나의 영혼을 갉아먹지 않도록
나를 구원하여 주시고 인도하여 주시기를 원합니다.
죄악이 나의 영혼 속에서 얼굴을 들지 못하도록
나를 구원하여 주시고 인도하여 주시기를 원합니다.
죄악이 나를 조롱하고 비웃으며 흔들지 않도록

나를 구원하여 주시고 인도하여 주시기를 원합니다.
온갖 게으름으로 피우며 살아온 죄를 용서하여 주시기를 원합니다.
무슨 일에든 이유를 달고 핑계를 대며 회피하려 했던
어리석은 나의 죄를 용서하여 주시기를 원합니다.
죄를 회개할 눈물을 주시기를 원합니다.
죄를 깨달을 수 있는 마음을 주시기를 원합니다.
죄를 회개할 수 있는 믿음을 주시기를 원합니다.
주님의 말씀대로 살지 못하고 주님의 뜻대로 살지 못하고
늘 방황하고 번민함을 용서하여 주시기를 원합니다.
"너희는 스스로 조심하라 그렇지 않으면
방탕함과 술취함과 생활의 염려로 마음이 둔하여지고
뜻밖에 그 날이 덫과 같이 너희에게 임하리라
이 날은 온 지구상에 거하는 모든 사람에게 임하리라
이러므로 너희는 장차 올 이 모든 일을 능히 피하고
인자 앞에 서도록 항상 기도하며 깨어 있으라 하시니라"
(누가복음 21:34-36)
말씀처럼 타락한 삶이 아니라 항상 깨어 있고
기도하며 회개로 준비하여 주님이 오시는 날을
고대하며 살게 하여 주시기를 원합니다.
주님의 피로 씻긴 거룩한 성도의 삶을 온전히 살지 못했음을
고백하오니 용서하여 주시기를 원합니다.
주님께 모든 것을 다 들켜버렸으니
있는 그대로 회개하게 하여 주시기를 원합니다.

행함이 없는 믿음은 죽은 믿음이라고 하셨는데도
맡겨진 사명과 허락하신 달란트를
온전히 사용하지 못했음을 아오니
모든 죄악을 사하여 주시기를 원합니다.
나의 부질없는 욕심 때문에 허영 때문에
주님의 사랑이 낡고 허름한 사랑이 되지 않게 하소서.
날마다 수없이 계획하고 다짐을 하면서도 실행에 옮기지 못하여
낙망한 죄를 용서하여 주시기를 원합니다.
믿음의 태엽을 온전히 감아 삶의 시간들이 제대로 흘러가게 하소서.
"누가 우리를 그리스도의 사랑에서 끊으리요
환난이나 곤고나 핍박이나 기근이나 적신이나
위험이나 칼이랴"(로마서 8:35)
말씀처럼 주님을 향한 사랑과 마음을
아무도 끊어내지 못하게 하여 주시기를 원합니다.
살면서 태만하게 행동한 것을 용서하여 주시고
잘 토라지고 완고했던 마음을 용서하여 주시기를 원합니다.
사람들의 영혼을 거스른 죄가 있으면 용서하여 주시고
주님의 일을 위하여 결단하여 하지 못한 죄가 있으면
용서하여 주시기를 원합니다.
"믿음은 바라는 것들의 실상이요
보지 못하는 것들의 증거니
선진들이 이로써 증거를 얻었느니라"(히브리서 11:1-2)
말씀처럼 믿음으로 바라보며 믿음으로 믿으며

주님 앞으로 나가게 하여 주시기를 원합니다.
주님의 이름에 해가 되고 잘못한 것이 있으면
주여! 나의 죄를 용서하여 주시기를 합니다.
주님의 이름을 잘못 사용한 것이 있으면
주여! 나의 죄를 용서하여 주시기를 원합니다.
주님의 이름을 도용한 죄가 있으면
주여! 나의 죄를 용서하여 주시기를 원합니다.
주님의 이름을 기만한 죄가 있으면
주여! 나의 죄를 용서하여 주시기를 원합니다.
사람들을 기만하고 진실하게 대하지 못한 것이 있으면
용서하여 주시고 용납하여 주시기를 원합니다.
나의 생각과 말과 행동으로 지은 죄를 용서하여 주시기를 원합니다.
욕심과 욕망으로 산 것이 있으면 용서하여 주시고
우상 숭배를 한 죄가 있으면 용서하여 주시기를 원합니다.
돈과 물질을 부당한 행위로 모은 것이 있으면 용서하여 주시고
돈과 물질을 낭비하거나 허랑방탕한 곳에 사용한 것이 있으면
내 삶의 모든 것을 알고 기억하시는 주님께서
용서하여 주시기를 원합니다.
잘못된 오락이나 놀음을 한 죄가 있으면 용서하여 주시고
사단의 유혹에 빠져 주님의 뜻대로 살지 못한 것이 있으면
용서하여 주시기를 원합니다.
주님의 자녀로서 삶을 제대로 살지 못함을 용서하소서.
전도하는 삶을 살지 못하고 기도하는 삶을 살지 못하고

봉사하는 삶을 살지 못하고 삶의 모범을 보이지 못함을 용서하소서.
나누는 삶을 살지 못하고 옹졸한 마음으로 살아온 죄를
용서하여 주시기를 원합니다.
넓은 마음으로 이해와 사랑을 베풀지 못하고
옹고집으로 살아온 것을 주님께서 용서하여 주시기를 원합니다.
지금부터라도 주님의 뜻대로 살 수 있도록
성령께서 인도하여 주시기를 원합니다.
"너희가 손을 펼 때에 내가 눈을 가리우고
너희가 많이 기도할찌라도 내가 듣지 아니하리니
이는 너희의 손에 피가 가득함이라
너희는 스스로 씻으며 스스로 깨끗케 하여
내 목전에서 너희 악업을 버리며 악행을 그치고
선행을 배우며 공의를 구하며 학대 받는 자를 도와주며
고아를 위하여 신원하며 과부를 위하여 변호하라 하셨느니라"
(이사야 1:15-17)
말씀처럼 하나님의 뜻 안에서 죄악에서 벗어나
바른 행실을 할 수 있도록 인도하여 주시기를 원합니다.
주님께 질문만 던지지 말고
주님께서 모든 문제의 해답이 되심을
온전히 믿고 따르게 하여 주시기를 원합니다.
나의 심장이 주님의 심장으로 뛸 수 있도록
인도하여 주시기를 원합니다.
삶을 거칠고 모질게 살지 않게 하시고

나태한 삶을 부지런한 삶으로 바뀌게 하여 주시기를 원합니다.
"예수께서 대답하시되 진실로 진실로 너희에게 이르노니
죄를 범하는 자마다 죄의 종이라
종은 영원히 집에 거하지 못하되 아들은 영원히 거하나니
그러므로 아들이 너희를 자유케 하면
너희가 참으로 자유하리라"(요한복음 8:34-36)
말씀처럼 하나님의 독생자이신 주님께서
우리를 죄악에서 벗어나 자유롭게 하여 주시기를 원합니다.
천국에 가지 못하고 이 세상에서 끝나는 삶이라면
너무나 안타까운 일이오니
가식과 위선으로 살지 않게 하시고
주님을 온전히 신뢰하게 하여 주시기를 원합니다.
죄악이 머릿속을 혼란스럽게 만드니 용서하여 주사
깨끗하고 새롭게 변화되게 하여 주시기를 원합니다.
지은 죄가 기억날 때마다 회개를 미루지 않게 하시고
죄를 짓기 전에 마음의 방향을 바꾸게 하여 주시기를 원합니다.
나의 죄를 그때 그때마다 회개하여
정결한 마음을 갖게 하여 주시기를 원합니다.
회개를 등한시 하거나 힘들어하지 않게 하시고
회개를 미루다가 지옥불에 던져지는 최악의 불행
영원한 불행에 떨어지는 일이 없게 하여 주시기를 원합니다.
주님의 이름으로 주님의 보혈로 구원받는다는 것을
나의 영혼과 나의 마음에 각인시켜 주셔서

주님의 이름으로 용서받게 하여 주시기를 원합니다.
주님의 인도하심과 긍휼하심과 보호하심을 잊지 않게 하시고
온전히 의지하기를 원합니다.
"너희는 이 세대를 본받지 말고
오직 마음을 새롭게 함으로 변화를 받아
하나님의 선하시고 기뻐하시고 온전하신 뜻이
무엇인지 분별하도록 하라"(로마서 12:2)
말씀처럼 이 세대를 본받지 않고
주님의 뜻을 분별하게 하여 주시기를 원합니다.
불평과 불만에 초점을 맞추어 살지 않게 하시고
늘 감사하며 기뻐하는 삶에 초점을 맞추어
살게 하여 주시기를 원합니다.
삶의 영화를 쟁취하기 위하여 저지른 모든 죄악과
잘못되고 오염된 삶을 용서하여 주시기를 원합니다.
주님의 뜻에 어긋난 행동으로 저지른 모든 죄악들을
버리게 하시고 용서받게 하여 주시기를 원합니다.
전능하신 하나님께 내 마음을 고정시켜 주셔서
나의 모든 죄악을 용서받게 하여 주시기를 원합니다.
영혼의 진리와 자유를 원하기보다
현실적인 풍요로움과 자극적인 것을 좋아하던 습관을
과감하게 떨쳐버리게 하여 주시기를 원합니다.
지상의 부귀와 영화만을 원하며 살던
모든 죄를 용서하여 주시기를 원합니다.

죄를 죄로 깨달을 수 있는 시간을 허락하여 주시고
죄를 홀로 참회할 수 있는 시간을 허락하여 주셔서
주님 앞에 온전히 회개하여 용서받게 하여 주시기를 원합니다.
주님의 원하시는 길을
주님의 인도하심 따라 가게 하여 주시기를 원합니다.
나의 죄악이 생각날 때마다 간구하여
용서받게 하여 주시기를 원합니다.
"너희가 죄의 종이 되었을 때에는 의에 대하여 자유하였느니라
너희가 그때에 무슨 열매를 얻었느뇨
이제는 너희가 그 일을 부끄러워하나니
이는 그 마지막이 사망임이니라
그러나 이제는 너희가 죄에게서 해방되고
하나님께 종이 되어 거룩함에 이르는 열매를 얻었으니
이 마지막은 영생이라 죄의 삯은 사망이요
하나님의 은사는 그리스도 예수 우리 주 안에 있는 영생이니라"
(로마서 6:20-23)
말씀처럼 우리가 죄악에서 떠나
영생을 얻게 하여 주시기를 원합니다.
죄를 짓고 깨달았을 때 그 고통과 중압감이
큰 바위가 누르고 있는 것처럼 괴롭사오니
주여, 죄악을 모두 다 용서하여 주셔서
주님의 평안으로 인도하심을 받게 하여 주시기를 원합니다.
나의 기도가 의도적이고 형식적인 기도가 아니라

전심전력으로 드리는 기도가 되어
주님 앞에 온전히 용서받게 하여 주시기를 원합니다.
보잘것없고 쓸모없는 죄인을 용서하여 주신
주님께 늘 감사하며 살게 하여 주시기를 원합니다.
내가 아는 죄와 모르는 죄, 느끼지 못하는 모든 죄를
주님은 아시오니 용서하여 주시기를 원합니다.
나의 회개를 들어주셔서 용서하여 주시기를 원합니다.
나를 구원하여 주신 주님께 늘 찬양드리고 예배드리며
살아가는 기쁨을 누리게 하여 주시기를 원합니다.
주여! 이 시간만큼은 죄를 회개하는 데
나의 모든 것을 고정시켜
회개의 기도를 드리게 하여 주시기를 원합니다.
주여! 잃어버린 어린 양 같은 자를 주님이 찾아주시고
구원받아 천국 백성이 되게 하여 주시기를 원합니다.
주여! 인고의 아픔이 있을지라도
거듭난 신앙을 갖게 하여 주시기를 원합니다.
주님을 뜨겁게 갈망하고 사모하며 회개의 기도를
온 마음과 온 정성을 다하여 드리게 하여 주시기를 원합니다.
나의 죄를 대속받기 위하여 늘 기도하는
성도가 되게 하여 주시기를 원합니다.
주님의 모범적인 삶을 내 삶에 적용할 수 있는
믿음을 주시기를 원합니다.
주님의 모범적인 기도를 내 삶에 적용할 수 있는

믿음을 주시기를 원합니다.
주님의 모범적인 섬김을 내 삶에 적용할 수 있는
믿음을 주시기를 원합니다.
주님의 모범적인 베풂과 나눔의 삶을
내 삶에 적용할 수 있는 믿음을 주시기를 원합니다.
주님의 모범적인 구속의 십자가 사랑을
내 삶에 적용할 수 있는 믿음을 주시기를 원합니다.
주님의 말씀을 내 삶에 적용할 수 있는
믿음을 주시기를 원합니다.
"좁은 문으로 들어가라
멸망으로 인도하는 문은 크고 그 길이 넓어
그리로 들어가는 자가 많고
생명으로 인도하는 문은 좁고 길이 협착하여
찾는 이가 적음이니라"(마태복음 7:13-14)
말씀처럼 늘 좁은 문으로 들어가며
주님의 인도하심을 받게 하여 주시기를 원합니다.
성령께서 임하여 주셔서 회개의 문이
활짝 열리게 하여 주시기를 원합니다.
성령께서 말할 수 없는 탄식으로 기도를 도우심을 믿고
회개하여 용서받게 하여 주시기를 원합니다.
주여!
회개하오니 나의 텅 빈 마음에 주님의 은혜를
새롭게 채워주시기를 원합니다.

주님께서 보여주신 뜻과 섭리를
충실하고 일관성 있게 삶에 적용하여
죄에서 떠난 삶을 살게 하여 주시기를 원합니다.
주여! 나의 회개의 기도가 하나님께 상달되어
하나님을 감화시킬 수 있도록 인도하여 주시기를 원합니다.
주님이 시시때때로 주시는 기쁨과 평안으로 구김살 없는
행복한 그리스도인의 삶을 살게 하여 주시기를 원합니다.
"예수께서 가라사대 나는 부활이요 생명이니
나를 믿는 자는 죽어도 살겠고
무릇 살아서 나를 믿는 자는 영원히 죽지 아니하리니
이것을 네가 믿느냐"(요한복음 11:25-26)
주님을 믿으니 주여 나의 죄를 용서하여 주사
영원히 죽지 않고 하늘나라에 거하게 하여 주시기를 원합니다.
죄악을 용서받기 위하여 하나님을 찾게 하여 주시고
간구하게 하여 주셔서 용서받게 하여 주시기를 원합니다.
믿음의 공동체 속에서 온유하고 겸손한 마음으로
간구하게 하여 주셔서 용서받게 하여 주시기를 원합니다.
예수 그리스도는 구원의 시작이오니
삶의 기쁨이 되게 하여 주시고
삶의 감동이 되게 하여 주시기를 원합니다.
마음의 창문을 열고 주님의 은혜를 받아
부패되어 죄를 짓지 않게 하여 주시기를 원합니다.
죄악 때문에 절망하지 않게 하여 주시고

회개하여 늘 소망 가운데 주님을 바라보며
바른 믿음으로 살게 하여 주시기를 원합니다.
홀로 남아 있는 시간에도
온 마음을 다하여 주님을 바라보게 하소서.
우리 주 예수 그리스도 이름으로 기도합니다. 아멘!

삶과 죽음의 갈림길에서

주여!
삶과 죽음의 갈림길에서
예상치 않았던 일로
가슴을 옥죄는 고통이 다가와도
쓰러지지 않고 일어설 수 있는 용기를 주소서!

나를 지탱해 주던 힘을 잃을 때
나는 도대체 누구인가
누구를 위해 살아왔는가
무엇 때문에 살아가는가
수많은 질문들이 화살처럼 가슴에 꽂힐 때에도
주님만을 의지하게 하소서!

삶의 허무함이 가슴에 큰 구멍을 뚫어놓아도
생존의 깊이를 알고 있다면
피하거나 주저앉거나 무너져 내리기보다는
부딪쳐 다시 일어설 수 있는 믿음을 주소서!

비판과 비난의 말들이 쏟아져 내리고
질시의 눈총이 따갑게 다가와도
죽음을 각오하고 달려든다면
극복하지 못할 고통은 없음을 믿게 하소서!

오늘도 꿈을 갖고 살아가며
다가오는 내일 또 내일을
주님의 이름으로 멋지게 이루게 하소서!

-용혜원-

5
남을 미워한 죄를
용서하소서!

긍휼이 많으신 주님!

미움은 사랑의 마음이 아니라 죄된 마음에서 시작하오니

주님처럼 사랑의 마음으로 남을 대하게 하여 주시기를 원합니다.

남을 대할 때 단점을 먼저 찾기보다

장점을 찾아낼 수 있는 마음을 주시기를 원합니다.

흉보고 비웃고 시기하며 살기보다

따뜻한 마음을 나누며 살게 하여 주시기를 원합니다.

단 하나뿐인 소중한 삶, 남을 미워하며 살기보다

사랑을 나누며 살게 하여 주시기를 원합니다.

남을 비난하고 비판하기보다

칭찬하고 배려하고 인정할 수 있는 넓고 큰마음을
소유할 수 있도록 인도하여 주시기를 원합니다.
살아오면서 남을 미워한 죄를 용서하여 주시기를 원합니다.
"너희가 짐을 서로 지라
그리하여 그리스도의 법을 성취하라"(갈라디아서 6:2)
말씀처럼 서로 짐을 지어 그리스도의 법을 성취하는
복된 성도의 삶을 살게 하여 주시기를 원합니다.
주님이 십자가에서 돌아가심이
나의 죄를 구속하시기 위한 죽음임을 의심하지 않고 믿으며
순종하는 믿음을 갖게 하여 주시기를 원합니다.
죄를 죄로 여기지 않고 감추려는 못된 습성을
버리게 하여 주시기를 원합니다.
죄악의 골짜기에서 방황하며 살지 않게 하소서.
"그 이웃을 그윽히 허는 자를 내가 멸할 것이요
눈이 높고 마음이 교만한 자를 내가 용납지 아니하리로다"
(시편 101:5)
말씀처럼 이웃을 멸시하거나 교만한 죄가 있으면
용서하여 주시기를 원합니다.
살아오면서 남을 괴롭히고 배반하고 미워하고 시기하고
질투하여 상처를 준 죄를 용서하여 주시기를 원합니다.
나의 죄악으로 인하여 죽음의 재가
나의 영혼을 덮지 않게 하여 주시기를 원합니다.
나의 죄악으로 인하여 죽음의 그늘이

나의 영혼을 덮지 않게 하여 주시기를 원합니다.
나의 죄악으로 인하여 지옥의 손길이
나의 영혼에 뻗치지 않게 하여 주시기를 원합니다.
나의 이익을 위하여 남에게 손해를 끼치고 무너지게 만들고
쓰러지게 만든 죄를 용서하여 주시기를 원합니다.
"너희는 여호와의 책을 자세히 읽어보라
이것들이 하나도 빠진 것이 없고
하나도 그 짝이 없는 것이 없으리니
이는 여호와의 입이 이를 명하셨고
그의 신이 이것들을 모으셨음이라"(이사야 34:16)
말씀처럼 나의 모든 것과 내가 행한 모든 것을
세밀하고 정확하게 아시는 주님께서
우리의 잘못과 죄악을 용서하여 주시기를 원합니다.
나의 실수와 잘못을 남의 탓으로 돌리고
그의 잘못과 실수를 부풀린 죄를 용서하여 주시기를 원합니다.
남 앞에서는 칭찬하고 박수를 쳐주는 척하면서
뒤에서 모함하고 모략하고 저주한 죄를
용서하여 주시기를 원합니다.
"너희 아버지의 자비하심 같이 너희도 자비하라
비판치 말라 그리하면 너희가 비판을 받지 않을 것이요
정죄하지 말라 그리하면 너희가 정죄를 받지 않을 것이요
용서하라 그리하면 너희가 용서를 받을 것이요"(누가복음 6:36-37)
말씀처럼 형제를 비판하지 않게 하여 주시고

비판한 죄가 있으면 용서하여 주시기를 원합니다.
좁쌀 같은 좁디좁은 마음으로 늘 불평과 불만을 품고
수많은 사람들에게 말과 행동으로 눈빛과 물질로
지은 죄를 용서하여 주시기를 원합니다.
절망이 밥이 되는 삶이 아니라
믿음이 밥이 되는 삶을 살게 하여 주시기를 원합니다.
"미워함을 감추는 자는 거짓의 입술을 가진 자요
참소하는 자는 미련한 자니라"(잠언 10:18)
말씀처럼 이웃을 미워하거나 참소하는 죄를
범하지 않게 하여 주시기를 원합니다.
때때로 마음의 벽을 쌓아놓고
다른 사람들이 다가오지 못하게 만들고
날카롭고 험악한 말로 상처를 주고 괴롭힌
허물 많은 삶을 용서하여 주시기를 원합니다.
사랑은 허다한 허물을 덮는다고 하셨는데
도리어 들춰내고 없는 것도 있는 것처럼 만든
잘못된 행동과 죄를 용서하여 주시기를 원합니다.
남을 사랑하고 이해하고 감싸주지 못하고
이기적이고 편협한 마음으로 남을 미워하고 시기하고
질투하고 욕한 죄를 용서하여 주시기를 원합니다.
"비판을 받지 아니하려거든 비판하지 말라
너희의 비판하는 그 비판으로 너희가 비판을 받을 것이요
너희의 헤아리는 그 헤아림으로

너희가 헤아림을 받을 것이니라"(마태복음 7:1-2)
말씀처럼 비판하는 죄를 범하지 않게 하여 주시기를 원합니다.
나보다 더 약한 사람을 조롱하고 놀리려 했던
못된 습성과 병든 마음을 용서하소서.
남이 잘 되는 것을 축하하지 못하고 오히려 쓰러뜨리려 하고
남이 고통당하는 것을 보고 즐거워하고
남이 시련당하는 것을 보고 당연하다고 손뼉을 치며
즐거워하던 마음을 용서하소서.
"어찌하여 형제의 눈속에 있는 티는 보고
네 눈속에 있는 들보는 깨닫지 못하느냐
보라 네 눈속에 들보가 있는데 어찌하여 형제에게 말하기를
나로 네 눈속에 있는 티를 빼게 하라 하겠느냐
외식하는 자여 먼저 네 눈속에서 들보를 빼어라
그 후에야 밝히 보고 형제의 눈속에서 티를 빼리라"(마태복음 7:3-5)
말씀처럼 형제에게 화가 나 비난과 불평을 하는 죄를
범하지 않게 하여 주시기를 원합니다.
사람과 사람 사이를 이간질하고 농락한 죄를
용서하여 주시기를 원합니다.
때때로 약속을 잘 지키지 않고 미루며 그들의 마음을
애태웠던 것들을 다 용서하여 주시기를 원합니다.
남을 괴롭히면 죄악에 마음과 영혼이 병들고
천국 소망을 갖지 못하고 지옥불에 던져지게 되오니
주여, 나의 모든 죄를 용서하여 주시기를 원합니다.

내 이웃을 내 몸과 같이 사랑하여 죄를 짓지 않게 하여 주시고
회개하여 새롭게 변화되기를 원합니다.
남의 선의를 순수하게 받아들이지 못하고
편견을 갖고 대하던 못된 마음의 습성을
용서하여 주시기를 원합니다.
"그러므로 남을 판단하는 사람아
무론 누구든지 네가 핑계치 못할 것은
남을 판단하는 것으로 네가 너를 정죄함이니
판단하는 네가 같은 일을 행함이니라"(로마서 2:1)
말씀처럼 남을 함부로 판단하지 않게 하여 주시기를 원합니다.
다른 사람들이 나를 괴롭힐 때에
그들에게 더 큰 상처를 주려는 악한 마음을 가졌던 것을
용서하여 주시기를 원합니다.
"우리가 아직 연약할 때에 기약대로 그리스도께서
경건치 않은 자를 위하여 죽으셨도다
의인을 위하여 죽는 자가 쉽지 않고
선인을 위하여 용감히 죽는 자가 혹 있거니와
우리가 아직 죄인 되었을 때에
그리스도께서 우리를 위하여 죽으심으로
하나님께서 우리에게 대한 자기의 사랑을 확증하셨느니라
그러면 이제 우리가 그 피를 인하여 의롭다 하심을 얻었은즉
더욱 그로 말미암아 진노하심에서 구원을 얻을 것이니
곧 우리가 원수 되었을 때에 그 아들의 죽으심으로 말미암아

하나님으로 더불어 화목되었은즉 화목된 자로서는
더욱 그의 살으심을 인하여 구원을 얻을 것이니라
이뿐 아니라 이제 우리로 화목을 얻게 하신
우리 주 예수 그리스도로 말미암아
하나님 안에서 또한 즐거워하느니라"(로마서 5:6-11)
말씀처럼 주 안에서 구원받아
주님이 주시는 기쁨으로 즐거워하기를 원합니다.
어려움을 당한 사람, 아픔을 당한 사람, 고통을 당한 사람,
갖가지 시련과 역경을 당한 사람들을 비웃던
모든 마음을 용서하여 주시기를 원합니다.
아픔을 당한 사람들의 고통을 덜어줄 수 있는
주님의 자비로우신 마음과 사랑의 마음을
갖게 하여 주시기를 원합니다.
남에게 상처를 주기보다 기쁨의 예수 그리스도를 전해 주는
그리스도인의 삶을 살게 하여 주시기를 원합니다.
사람을 외모로 판단하고 마음으로 들이지 않음을
용서하여 주시기를 원합니다.
"우리가 다 하나님의 아들을 믿는 것과
아는 일에 하나가 되어 온전한 사람을 이루어
그리스도의 장성한 분량이 충만한데까지 이르리니
이는 우리가 이제부터 어린 아이가 되지 아니하여
사람의 궤술과 간사한 유혹에 빠져
모든 교훈의 풍조에 밀려 요동치 않게 하려 함이라

오직 사랑 안에서 참된 것을 하여 범사에 그에게까지 자랄찌라
그는 머리니 곧 그리스도라"(에베소서 4:13-15)
우리가 말씀대로 살아 그리스도의 충만함을
맛보게 하여 주시기를 원합니다.
사람에게 짓는 죄가 있고 하나님께 짓는 죄가 있으니
주여, 모든 죄를 회개하오니 도말하여 주시기를 원합니다.
죄를 짓고 사단이 주는 겁에 질리지 않게 하여 주시고
주님께 회개하여 용서의 기쁨을 누리게 하여 주시기를 원합니다.
죄 때문에 절망하는 것이 아니라
주님 앞에서 바르게 회개하여 소망을 갖게 하여 주시기를 원합니다.
부인할 수 없고 변명할 수 없고 감출 수 없는 죄악 때문에 받는
사단의 조롱 소리에서 벗어나 회개하여
주님의 생명의 말씀을 듣게 하여 주시기를 원합니다.
죄를 회개할 수만 있다면 목이 쉬도록 목이 메도록
목에 피가 나도록 주님의 이름을 부르겠사오니
주여, 나의 죄악을 용서하여 주시기를 원합니다.
남에게 지은 죄를 회개할 수 없다고 체념하기보다
주님을 바라보며 용기를 갖게 하여 주시고
늘 가까이 계시는 주님께 간구하여 용서받게 하옵소서.
"빛 가운데 있다 하며 그 형제를 미워하는 자는
지금까지 어두운 가운데 있는 자요
그의 형제를 사랑하는 자는 빛 가운데 거하여
자기 속에 거리낌이 없으나

그의 형제를 미워하는 자는 어두운 가운데 있고
또 어두운 가운데 행하며 갈 곳을 알지 못하나니
이는 어두움이 그의 눈을 멀게 하였음이니라"(요한일서 2:9-11)
말씀처럼 빛 가운데 살아가며 남을 미워하지 않고
주님의 이름으로 영접하며 사랑하며 살게 하여 주시기를 원합니다.
아무 쓸모없는 죄인을 구원하여 주셔서
주님의 사랑받는 자녀가 되게 하여 주시기를 원합니다.
주여, 죄악의 빠른 물살에 빨려 들어갈 때
주님께서 구원의 손을 뻗으셔서 구해 주시기를 원합니다.
겸손의 비결을 알려주시고 상하고 깨친 심령을 치유하시는
주님께 회개하오니 용서하여 주시기를 원합니다.
죄악을 통회 자복하는 것을 기쁨으로 받아주시는
주님께 기도하오니 나의 죄를 용서하여 주시기를 원합니다.
"나의 찬송하는 하나님이여 잠잠하지 마옵소서
대저 저희가 악한 입과 궤사한 입을 열어 나를 치며
거짓된 혀로 내게 말하며
또 미워하는 말로 나를 두르고 무고히 나를 공격하였나이다
나는 사랑하나 저희는 도리어 나를 대적하니
나는 기도할 뿐이라"(시편 109:1-4)
말씀처럼 기도하오니 주여 응답하여 주시기를 원합니다.
주님의 복음을 전하다가 십자가를 지게 됨을 기쁘게 하여 주시고
주님의 일을 하다가 지은 죄를 용서하여 주시기를 원합니다.
타인에게 죄를 범하기보다 나누고 주는

기쁨으로 살게 하여 주시기를 원합니다.
죄악의 진한 어둠 속에서도 복음의 빛의 인도하심 따라
회개하게 하여 주시기를 원합니다.
죄악이 죽음의 길로 인도할 때 돌이켜 회개함으로
생명의 길로 가게 하여 주시기를 원합니다.
"너희가 이방인 중에서 행실을 선하게 가져
너희를 악행한다고 비방하는 자들로 하여금
너희 선한 일을 보고 권고하시는 날에
하나님께 영광을 돌리게 하려 함이라"(베드로전서 2:12)
말씀처럼 빛 가운데 행하는 삶으로
하나님께 영광을 돌리게 하여 주시기를 원합니다.
지은 죄로 인하여 고통이 찾아올 때도
주님의 구원의 은혜를 깨달아 회개함으로
기쁨을 소유하게 하여 주시기를 원합니다.
가난과 부족 속에서도 주님을 원망하고
남을 원망하는 죄를 범하지 않고
주님의 은혜와 사랑을 받게 하여 주시기를 원합니다.
죄인을 구원하기 위하여 주님이 이 땅에 오셨으니
죄를 회개하고 주님을 영접함으로
주님의 나라에 들어가게 하여 주시기를 원합니다.
길 잃은 양을 찾아주시는 목자가 되시는 주님께서
무지함으로 지은 죄를 용서하여 주시고
내 마음에 찾아오셔서 영생으로 인도하여 주시기를 원합니다.

형제를 향하여 분노한 죄를 용서하여 주시기를 원합니다.
외식한 죄를 용서하여 주시기를 원합니다.
기도할 때 남을 의식하여 좋은 말 멋진 말로
기도하려 한 것을 용서하여 주시기를 원합니다.
기도 생활을 부풀려 자랑한 죄를 용서하여 주시기를 원합니다.
주여! 나의 기도를 들어주셔서
죄를 고백하며 간청하오니 용서하여 주시기를 원합니다.
"시험에 들지 않게 깨어 있어 기도하라
마음에는 원이로되 육신이 약하도다 하시고"(마태복음 26:41)
말씀처럼 늘 깨어 기도함으로 시험에 들지 않고
죄 짓지 않게 하여 주시기를 원합니다.
주여! 나의 죄를 낱낱이 고백할 수 있는 언어를 허락하여 주시고
나의 마음이 나의 영혼이 기도함으로 간구하다
실망하는 일이 없게 하여 주시기를 원합니다.
들판의 풀이 자라듯이 나의 삶에 죄악이 자라나
마음이 상처투성이가 되지 않게 하시고
날마다 믿음이 성장하여
주님을 향하여 자라나게 하여 주시기를 원합니다.
죄악의 상처를 치유하여 주시는 주님께 감사를 드립니다.
죄악으로 인하여 몸이 지치고 슬픔이 가득 차 회개할 때
주님의 은혜에 감사하며 기뻐할 수 있는 믿음을 주시기를 원합니다.
구원받지 못하고 지옥에 가는 절망적인 위험에서
벗어나게 하여 주시기를 원합니다.

살아오면서 남에게 조금이라도 상처를 주거나
눈물을 흘리게 만들거나 고통스럽게 하거나
나로 인해 어려움을 당한 사람들이 있으면 일일이 기억나게 하사
주님께 고백하게 하여 주시기를 원합니다.
우리 주 예수 그리스도 이름으로 기도합니다. 아멘!

6
거짓말한 죄를
용서하여 주소서!

온유하신 주님!
거짓은 진실을 떠나고 벗어나고 이탈한 행동이오니
거짓에서 벗어나게 하여 주시기를 원합니다.
한순간 잘못을 모면하려고 없는 것도 있는 것처럼
그럴듯하게 거짓말한 죄를 용서하소서.
거짓이 또 거짓을 만들고 그 거짓말을 통해
선한 양심은 사라지고 마음의 껍질이 두꺼워져
강퍅한 마음으로 살아온 죄를 용서하소서.
삶 속에서 거짓말로 남에게 상처를 입힌 죄를
용서하여 주시기를 원합니다.

거짓말을 하여 진실을 속이고 다른 사람의 마음을 속이고
스스로의 마음을 어둡게 한 죄를 용서하여 주시기를 원합니다.
나를 위한 거짓말이 있으면 용서하여 주시기를 원합니다.
남을 해하기 위한 거짓말을 용서하여 주시기를 원합니다.
"여호와의 손이 짧아 구원치 못하심도 아니요
귀가 둔하여 듣지 못하심도 아니라
오직 너희 죄악이 너희와 너희 하나님 사이를 내었고
너희 죄가 그 얼굴을 가리워서
너희를 듣지 않으시게 함이니"(이사야 59:1-2)
주님의 능력을 알고 있으니
주여 우리를 거짓에서 벗어나
진실하게 살게 하여 주시기를 원합니다.
죄악이 나를 누르는 고통스러운 상황에서
벗어나게 하여 주시기를 원합니다.
죄악이 나를 세뇌시켜 주님을 부인하거나 변명하여
더 큰 죄를 짓지 않게 하여 주시기를 원합니다.
거짓을 가리기 위하여 반복하여 거짓말을 일삼은 행동을
용서하여 주시기를 원합니다.
나의 죄를 가리려고 거짓말을 한 죄를 용서하여 주시기를 원합니다.
나의 잘못을 가리려고 거짓말 한 죄를 용서하여 주시기를 원합니다.
나의 실수를 가리려고 거짓말 한 죄를 용서하여 주시기를 원합니다.
나의 허물을 가리려고 거짓말 한 죄를 용서하여 주시기를 원합니다.
"우리가 다 실수가 많으니 만일 말에 실수가 없는 자면

곧 온전한 사람이라 능히 온 몸도 굴레 씌우리라
우리가 말을 순종케 하려고 그 입에 재갈 먹여 온 몸을 어거하며
또 배를 보라 그렇게 크고 광풍에 밀려가는 것들을
지극히 작은 키로 공의 뜻대로 운전하나니
이와 같이 혀도 작은 지체로되 큰 것을 자랑하도다
보라 어떻게 작은 불이 어떻게 많은 나무를 태우는가
혀는 곧 불이요 불의의 세계라
혀는 우리 지체 중에서 온 몸을 더럽히고
생의 바퀴를 불사르나니
그 사르는 것이 지옥불에서 나느니라"(야고보서 3:2-6)
말씀처럼 말을 신중히 행하게 하여 주시고
진실한 성도의 삶을 살게 하여 주시기를 원합니다.
쓸데없는 넋두리와 변명을 일삼고 거짓말을 하면서도
얼굴에 위선의 웃음을 품은 채 진실인 양 가장하고
꾸민 죄를 용서하여 주시기를 원합니다.
살아오면서 나약한 척하거나 꾀를 부리거나
엄살을 부리며 해야 할 일을 하지 않은 죄를
용서하여 주시기를 원합니다.
때로는 거짓을 가리기 위하여 더 사나운 말로
날카로운 말로 변명한 죄를 용서하여 주시기를 원합니다.
살면서 순간순간을 모면하려고 거짓말이 죄인 줄 알면서도
수없는 거짓말로 넘겼던 일들을 용서하여 주시기를 원합니다.
거짓말을 하면서 도리어 웃고 즐거워했던 죄악을

다 씻어주시고 용서하여 주시기를 원합니다.
거짓으로 진실을 가리고 행동하고 말한 것들을
용서하여 주시기를 원합니다.
"내가 환난 중에 여호와께 부르짖었더니 내게 응답하셨도다
여호와여 거짓된 입술과 궤사한 혀에서
내 생명을 건지소서"(시편 120:1-2)
말씀처럼 주여 회개하오니 용서하여 주시기를 원합니다.
진실을 말하기를 망설이고 거짓말을 즐기던 습관을
용서하여 주시고 치유하여 주시기를 원합니다.
주님께 기도와 고백을 통하여 간구했던 것들을
제대로 지키지 못하고 잊어버린 것들을
용서하여 주시기를 원합니다.
삶의 골목골목에서 거짓말했던 것들을
간곡히 기도하오니 용서하여 주시기를 원합니다.
죄악이 나를 지옥으로 인도하오니
주님의 말씀과 보혈로 벗어나게 하여 주시기를 원합니다.
타인과의 약속에 대하여, 물질에 대하여, 욕심과 욕망에 대하여
거짓말한 죄를 용서하여 주시기를 원합니다.
양심이 화인을 맞아 비참한 삶이 되지 않도록 인도하여 주소서.
"허물의 사함을 얻고 그 죄의 가리움을 받은 자는 복이 있도다
마음에 간사가 없고 여호와께 정죄를 당치 않은 자는
복이 있도다"(시편 32:1-2)
말씀처럼 허물의 사함을 받고 하나님의 은혜로

죄가 사라지고 가려져 용서받게 하여 주시기를 원합니다.
나의 마음이 거짓을 떠나게 하시고
어떤 순간에도 거짓말을 하기보다 진실을 말하며
순수한 마음으로 주님을 온전히 섬기게 하여 주시기를 원합니다.
쓸데없이 장담하기 좋아하고, 없는 것을 있는 것처럼
과대 포장하며 범한 죄를 용서하여 주시기를 원합니다.
거짓말을 하고도 내게 잘못이 없다고 착각하는 죄를
용서하여 주시기를 원합니다.
죄를 짓고서도 내가 지은 것이 아니라
다른 사람 때문에 죄를 지었다고 거짓말하는
못된 마음을 용서하여 주시기를 원합니다.
삶의 목적을 새롭게 깨달아 삶 속에서
주님의 뜻을 나타내게 하여 주시기를 원합니다.
내 영혼의 깊은 갈망 속에서
늘 주님을 사모하며 살게 하여 주시기를 원합니다.
예수 그리스도가 나의 삶의 전환점이 되심을 믿고 회개하여
새로운 삶을 살게 하여 주시기를 원합니다.
죄인들을 향하여 손을 펴시고 인도하시는
주님 손길을 따라 살게 하여 주시기를 원합니다.
거짓말로 지은 나의 죄악을 깨달아 고백함으로
용서받게 하여 주시기를 원합니다.
하나님의 뜻에 합당하게 기도하여
용서받게 하여 주시기를 원합니다.

주님의 일을 열심히 하지 않은 죄를 용서하여 주시기를 원합니다.
총알은 몸을 죽이지만 말은 영혼을 죽이오니
내 입술을 지켜주셔서 죄를 범하지 않게 하옵소서.
"무릇 더러운 말은 너희 입밖에도 내지 말고
오직 덕을 세우는데 소용되는 대로 선한 말을 하여
듣는 자들에게 은혜를 끼치게 하라
하나님의 성령을 근심하게 하지 말라
그 안에서 너희가 구속의 날까지 인치심을 받았느니라
너희는 모든 악독과 노함과 분냄과 떠드는 것과
훼방하는 것을 모든 악의와 함께 버리고
서로 인자하게 하며 불쌍히 여기며
서로 용서하기를 하나님이 그리스도 안에서
너희를 용서하심과 같이 하라"(에베소서 4:29-32)
말씀처럼 모든 악의를 버리고 회개하게 하여 주시기를 원합니다.
하나님의 뜻에 순종함으로 죄악에서 떠난 삶을
살게 하여 주시기를 원합니다.
무가치한 일에 목숨을 걸지 않게 하시고
내 마음의 생각과 영혼을 쏟아 기도하게 하옵소서.
정직하고 정결한 마음과 말로 주님을 고백하며
따르게 하여 주시기를 원합니다.
주여! 거짓은 사단이 주는 악한 마음이오니
진실하신 주님의 마음을 닮아 살게 하여 주시기를 원합니다.
"여호와여 나의 기도를 들으시며

나의 부르짖음에 귀를 기울이소서
내가 눈물 흘릴 때에 잠잠하지 마옵소서
대저 나는 주께 객이 되고 거류자가 됨이
나의 모든 열조 같으니이다"(시편 39:12)
말씀처럼 주님께서 나의 기도를 들어주시기를 원합니다.
거짓을 싫어하시는 주님께서 나의 삶 속에서 일어난 거짓된 일들을
하나도 남김없이 아시니 다 용서하여 주시기를 원합니다.
거짓은 삶에 어둠이 가득하게 하오니
빛 되신 주님께서 어둠을 몰아내 주시고
용서하여 주시기를 원합니다.
주님을 따르는 나의 삶에 거짓이 없게 하여 주시고
나의 삶이 새롭게 변화될 줄 믿습니다.
주여! 나를 거짓에서 새롭게 하여 주사
거룩한 주님을 닮아가게 하여 주시기를 원합니다.
거짓말로 지은 죄를 변명하는 기만술수에서 벗어나고
자신만을 인정하려는 잘못된 믿음에서
벗어나게 하여 주시기를 원합니다.
늘 깨어 기도함으로 진실한 삶을 살아
하나님 나라에 들어가는 천국백성이 되게 하여 주시기를 원합니다.
나의 몸과 마음이 항상 사단의 영향권에 있으니
죄를 짓지 않게 하여 주시고
늘 주님의 인도하심 속에 살게 하여 주시기를 원합니다.
거짓말과 거짓으로 지은 죄를 회개하여

주님의 나라에 들어가게 하여 주시기를 원합니다.
하나님의 뜻과 인도하심에 순복하지 못하고 따르지 못한
불신앙을 용서하여 주시기를 원합니다.
내가 지은 모든 죄는 불신앙에서 비롯되었으니
용서하여 주시기를 원합니다.
나의 감정에 치우쳐 지은 죄를 용서하여 주시기를 원합니다.
나의 편견에 치우쳐 지은 죄를 용서하여 주시기를 원합니다.
나의 반목에 치우쳐 지은 죄를 용서하여 주시기를 원합니다.
오, 하나님! 우리가 주님의 나라에 강력하고
강렬한 소망을 갖고 살게 하여 주시기를 원합니다.
주여! 나의 몸과 마음과 영혼이 죄의 짐을 벗고
주님을 향하여 나아가게 하여 주시기를 원합니다.
주여! 나의 삶에서 중대 결단을 하여
주님께로 나아가게 하여 주시기를 원합니다.
주님의 나라를 소망하며 살게 하여 주시기를 원합니다.
주님의 인도하심 따라 삶에 풍성한 열매를 맺어
전지전능하신 하나님께 영광과 찬송을
돌리게 하여 주시기를 원합니다.
주님의 말씀인 성경이 나의 삶에 지침서가 되고
생명의 말씀이 되게 하여 주시기를 원합니다.
거짓이 진실인 양 죄를 깨닫지 못하던 나를 회개하여
참된 삶을 살게 하여 주신 주님 감사드립니다.
주여! 하나님의 능력으로 모든 죄에서 건져주시고

주님의 사랑으로 구속하여 주심을 감사드립니다.
죄를 지으면 심판이 있음을 알면서도
유혹과 호기심으로 지은 죄를 용서하여 주시기를 원합니다.
방황하다 지은 죄를 용서하여 주시기를 원합니다.
사단의 올무에서 벗어나게 하여 주시기를 원합니다.
"주께서 생명의 길로 내게 보이셨으니 주의 앞에서
나로 기쁨이 충만하게 하시리로다 하였으니"(사도행전 2:28)
말씀처럼 생명의 길로 인도하여 주시기를 원합니다.
죄악이 내가 살아온 날만큼 널려 있으니
주여, 나의 삶 속에 지은 죄를 용서하여 주시기를 원합니다.
날마다의 삶이 거룩하신 주님의 모습을 닮아가게 하여 주시고
주님의 말씀으로 진실하게 하여 주시기를 원합니다.
나의 마음속에 남아 있는 거짓의 흔적이 있으면
하나도 남김없이 청소하여 주시고 도말하여 주시기를 원합니다.
우리 주 예수 그리스도 이름으로 기도합니다. 아멘!

7
물질을 잘못 사용한 죄를 용서하소서!

믿음의 주님!
주님께서 허락하시고 축복하신 물질 중에 부정한 곳이나
주님의 영광을 가리는 곳에 사용한 것이 있으면
다 용서하여 주시기를 간구합니다.
물질이 있는 곳에 마음이 있는데 주님께 드려야 할 헌금을
온전히 드리지 못한 죄를 용서하여 주시기를 원합니다.
물질을 타락한 곳에 사용한 죄를 용서하여 주시기를 원합니다.
"자기의 재물을 의지하는 자는 패망하려니와
의인은 푸른 잎사귀 같아서 번성하리라"(잠언 11:28)
말씀처럼 재물에 의지하지 말고

하나님을 온전히 신뢰하는 삶을 살게 하여 주시기를 원합니다.

물질을 더 갖기 위하여 노름이나

복권에 매달리지 않게 하여 주시기를 원합니다.

죄악의 욕심에 얽매여 헛된 물질을 원하고

남의 것을 탐한 죄를 용서하여 주시기를 원합니다.

물질로 하나님께 영광 돌리지 못하고

땅에 쌓아두려 했던 욕심을 용서하여 주시기를 원합니다.

"화 있을찐저 너희 이제 배부른 자여 너희는 주리리로다

화 있을찐저 너희 이제 웃는 자여 너희가 애통하며 울리로다

모든 사람이 너희를 칭찬하면 화가 있도다

저희 조상들이 거짓 선지자들에게 이와 같이 하였느니라"

(누가복음 6:24-25)

말씀처럼 주여! 물질로 인해 죄를 짓지 말게 하시고

물질을 선한 데 사용함으로

주님의 뜻대로 구원받게 하여 주시기를 원합니다.

주님의 뜻과 사랑을 헤아리지 못하고

물질로 인하여 근심하고 걱정한 죄를 용서하여 주시기를 원합니다.

물질로 인하여 주님을 버리지 않게 하여 주시기를 원합니다.

물질로 인하여 믿음을 버리지 않게 하여 주시기를 원합니다.

물질로 인하여 가족을 버리지 않게 하여 주시기를 원합니다.

물질로 인하여 자신을 버리지 않게 하여 주시기를 원합니다.

물질로 인하여 이웃을 버리지 않게 하여 주시기를 원합니다.

물질로 인하여 친구를 버리지 않게 하여 주시기를 원합니다.

나의 죄악이 드러날 때마다 두렵고 떨리오니
주여 용서하여 주시기를 원합니다.
물질로 인하여 삶 속에서 유혹당하고 죄를 짓사오니
주여, 죄악의 올무에서 벗어나게 하여 주시기를 원합니다.
물질을 쾌락의 도구로 삼지 않게 하시고
선한 일에 사용하도록 이끌어주시기를 원합니다.
"욕심이 잉태한즉 죄를 낳고
죄가 장성한즉 사망을 낳느니라"(야고보서 1:15)
말씀처럼 욕심에 끌려 물질을 탐하다가
사망에 이르지 않게 하여 주시기를 원합니다.
나의 죄를 온전히 참회하게 하여 주시고
죄악의 순간을 맞이하기 전에 두렵고 떨리는 마음으로
기도하오니 받아주시기를 원합니다.
지갑이 비었을 때 헛된 생각과 행동으로 죄를 짓지 말고
피와 땀과 눈물을 흘리며 열심히 일하여
물질을 구하게 하여 주시기를 원합니다.
부유하더라도 물질에만 마음을 쏟지 않고
매일을 주 안에서 평안을 누리며 살게 하여 주소서.
주님께서 기뻐하시는 곳에 사용할 수 있는
믿음에 믿음을 더하여 주시기를 원합니다.
창조주 하나님의 무한하신 뜻과
끊을 수 없는 은혜와 영원무궁하신 사랑을 받았고
주님의 이름으로 구원하여 주셨으니

모든 물질을 주님의 뜻대로 사용할 수 있는
믿음을 주시기를 원합니다.
물질이 삶을 행복하게도 만들고 불행하게도 만드오니
물질로 하나님께 영광을 돌리고
가족과 이웃을 위하여 사용하게 하여 주시기를 원합니다.
물질로 죄를 짓고 배반하고 모든 죄악이 이루어지오니
남의 눈을 속이고 번 돈이 있으면 용서하여 주시기를 원합니다.
남의 양심을 속이고 번 돈이 있으면 용서하여 주시기를 원합니다.
남에게 상처를 주며 번 돈이 있으면 용서하여 주시기를 원합니다.
만물을 주관하시는 주님께
모든 것을 인도받게 하여 주시기를 원합니다.
"내가 이르노니 너희는 성령을 좇아 행하라
그리하면 육체의 욕심을 이루지 아니하리라
육체의 소욕은 성령을 거스리고
성령의 소욕은 육체를 거스리나니
이 둘이 서로 대적함으로 너희의 원하는 것을
하지 못하게 하려 함이니라"(갈라디아서 5:16-17)
말씀처럼 육체를 따라 살지 말고
성령의 인도하심을 따라 살게 하여 주시기를 원합니다.
온전한 물질을 얻기 위하여 피땀 흘려 얻게 하시고
들어온 물질을 가치 있게 쓰게 하여 주시기를 원합니다.
물질을 가장 먼저 주님이 원하시는 곳에 쓰게 하시고
가족의 행복과 이웃에 대한 사랑을 나타내기 위하여 쓰게 하소서.

물질을 주기도 하시고 거두어 가시는 것도 주님이시니
주여, 모든 것에 감사하며 살게 하여 주시기를 원합니다.
물질 때문에 주님을 외면하고 가족과 불화하고
이웃과 다툼하는 죄를 짓지 않게 하여 주시기를 원합니다.
"여호와여 주의 장막에 유할 자 누구오며
주의 성산에 거할 자 누구오니이까
정직하게 행하며 공의를 일삼으며 그 마음에 진실을 말하며
그 혀로 참소치 아니하고 그 벗에게 행악지 아니하며
그 이웃을 훼방치 아니하며 그 눈은 망령된 자를 멸시하며
여호와를 두려워하는 자를 존대하며
그 마음에 서원한 것은 해로울찌라도 변치 아니하며
변리로 대금치 아니하며
뇌물을 받고 무죄한 자를 해치 아니하는 자니
이런 일을 행하는 자는 영영히 요동치 아니하리이다"(시편 15:1-5)
말씀처럼 하나님의 뜻대로 행하여
흔들리지 아니 하는 믿음을 갖게 하여 주시기를 원합니다.
물질로 인하여 궁핍하고 가난하여도
주님을 배반하지 않게 하여 주시고
시험과 시련이 많은 삶 속에서
항상 주님께서 인도하여 주시기를 원합니다.
"주라 그리하면 너희에게 줄 것이니
곧 후히 되어 누르고 흔들어 넘치도록 하여 너희에게 안겨 주리라
너희가 헤아리는 그 헤아림으로

너희도 헤아림을 도로 받을 것이니라"(누가복음 6:38)
주님의 말씀처럼 나누는 삶을 살아
주님의 인도하심을 받게 하여 주시기를 원합니다.
내가 슬퍼할 때, 두려움에 빠져 있을 때, 시련을 당했을 때
낙망할 때, 고통당할 때 주님께서 인도하여 주시기를 원합니다.
주여! 남을 도울 수 있는 따뜻한 마음과
베풀 수 있는 마음을 갖지 못함을 회개하오니
용서하여 주시기를 원합니다.
아주 작게 베풀면서도 자랑하고 생색내기를 즐겨했던 일들을
회개하오니 용서하여 주시기를 원합니다.
항상 주님의 마음으로 베풀고 나누는 삶을
살게 하여 주시기를 원합니다.
물질로 인하여 허풍떨었던 것이 있으면
용서하여 주시기를 원합니다.
물질로 인하여 교만했던 것들이 있으면
용서하여 주시기를 원합니다.
물질로 인하여 건방지게 굴었던 일이 있으면
용서하여 주시기를 원합니다.
물질로 인하여 상처를 준 일이 있으면
용서하여 주시기를 원합니다.
늘 사랑하는 마음으로 베풀며 살게 하여 주시기를 원합니다.
함부로 물질을 허비하거나
낭비하는 일이 없게 하여 주시기를 원합니다.

"돈을 사랑함이 일만 악의 뿌리가 되나니
이것을 사모하는 자들이 미혹을 받아
믿음에서 떠나 많은 근심으로써 자기를 찔렀도다"(디모데전서 6:10)
말씀처럼 돈을 사랑하지 말고
주님을 사랑하며 살게 하여 주시기를 원합니다.
길가의 돌멩이 하나, 날아다니는 새 한 마리까지도
모든 것을 아시는 주님!
모든 것이 주님 것이오니 늘 감사하며 살게 하옵소서.
주여! 나의 믿음이 연단되고 연단되어
강하고 담대한 믿음을 갖게 하여 주시기를 원합니다.
세상의 삶이 한순간이며 안개처럼 사라질 것을 알게 하사
물질의 욕심으로 인하여 죄를 짓는 삶을
살지 않도록 인도하여 주시기를 원합니다.
물질로 인하여 하나님께 죄짓지 않게 하여 주시기를 원합니다.
물질로 인하여 부모와 자식 사이에
죄짓지 않게 하여 주시기를 원합니다.
물질로 인하여 형제간에 죄짓지 않게 하여 주시기를 원합니다.
물질로 인하여 이웃에게 죄짓지 않게 하여 주시기를 원합니다.
"사람이 만일 온 천하를 얻고도
자기를 잃든지 빼앗기든지 하면 무엇이 유익하리요"(누가복음 9:25)
말씀처럼 물질 때문에 천하보다 귀한 생명을 잃는
범죄를 저지르지 않게 하여 주시기를 원합니다.
항상 물질에 욕심을 내는 죄 많고 탓 많은 나의 삶을

있는 그대로 받아주시고 용서하여 주신 주님께 감사를 드립니다.
물질로 인하여 가족과 이웃에게 지은 죄가 있으면
나의 죄와 허물을 용서하여 주시기를 원합니다.
늘 사랑하는 마음으로 살게 하여 주시기를 원합니다.
물질 때문에 사람들과 원수가 되지 않게 하시고
주님께서 나의 심령을 은혜의 단비로 적셔주셔서
따뜻한 마음으로 사랑하며 살게 하여 주시기를 원합니다.
삶이 나약하고 어려운 이웃들에게
물질을 나누며 살게 하여 주시기를 원합니다.
몸과 마음이 병든 이들과 아픔을 나누고 함께할 수 있는
마음을 주시기를 원합니다.
주여! 죄로 인하여 병든 마음을 치유하셔서
날마다 새롭게 살게 하여 주시기를 원합니다.
"사람이 어찌 하나님의 것을 도적질하겠느냐
그러나 너희는 나의 것을 도적질하고도 말하기를
우리가 어떻게 주의 것을 도적질하였나이까 하도다
이는 곧 십일조와 헌물이라
너희 곧 온 나라가 나의 것을 도적질하였으므로
너희가 저주를 받았느니라
만군의 여호와가 이르노라
너희의 온전한 십일조를 창고에 들여 나의 집에 양식이 있게 하고
그것으로 나를 시험하여 내가 하늘 문을 열고
너희에게 복을 쌓을 곳이 없도록 붓지 아니하나 보라"(말라기 3:8-10)

말씀처럼 주님의 것을 도적질한 적이 많사오니
용서하여 주시기를 원합니다.
늘 주님께 기쁨으로 드리게 하시고
주님이 주시는 물질에 늘 감사하며 살게 하여 주시기를 원합니다.
나의 삶이 예수 그리스도와 연합되지 않으면
절대로 구원받을 수 없음을 깨닫게 하시어
주님과 함께 할 수 있는 축복과
기쁨을 누리게 하여 주시기를 원합니다.
회개의 기도가 나의 깊은 마음속에서 솟아나오는
진실한 기도가 되게 하여 주시기를 원합니다.
주님의 자애로운 사랑으로 인도하여 주시기를 원합니다.
나의 기도가 응답될 때까지 계속되어지는
끈질긴 기도가 되게 하여 주시기를 원합니다.
기도의 영이 없으면 온전한 회개의 기도를 드릴 수 없으니
성령으로 인도하여 주시기를 원합니다.
순간만이라도 세상의 모든 것을 끊고 주님께 집중하여
회개의 기도를 드리게 하여 주시기를 원합니다.
삶을 소중한 선물로 주신 주님께 감사드리며
늘 기뻐하며 감사할 수 있는 삶을 살게 하여 주시기를 원합니다.
주님께 회개함으로 평안함을 얻고
쓸데없는 근심은 사라지게 하여 주시기를 원합니다.
이웃과 가정이 하나가 되어
서로 사랑하며 존중하며 살게 하여 주시기를 원합니다.

나의 죄를 치유하여 주시고 새 생명을 주시는

주님의 구원의 사랑에 감사드립니다.

물질로 저지른 죄가 나와 주님 사이를 반목하게 만들어놓으니

주여 나의 심령을 새롭게 하여 주시기를 원합니다.

나의 죄를 깨끗이 씻어주시는 주님의 보혈을 믿으니

주님의 피로 깨끗이 씻기기를 원합니다.

주님께서 나의 영혼의 모든 부분을 세밀하게 살피시고

감찰하여 주셔서 모든 죄악을 사하여 주시기를 원합니다.

죄로 인해 삶의 막다른 곳으로 몰릴 때에도

길이요 진리요 생명이 되시는 주님께서 인도하여 주시기를 원합니다.

죄로 인해 짐승 같은 삶을 살아도

주님의 이름으로 구원받은

선한 백성으로 살게 하여 주시기를 원합니다.

모든 물질은 주님으로부터 온 것이오니

온전하고 바르게 사용하도록 이끌어주시기를 원합니다.

우리 주 예수 그리스도 이름으로 기도합니다. 아멘!

8

가족을 온전히 사랑하지 못한 죄를 용서하소서!

가정을 축복해 주시는 주님!
이 지상의 삶 속에서 가족을 허락하여 주시고
사랑으로 인도하여 주심을 감사드립니다.
때때로 피곤을 핑계로 가족을 온전하게 사랑하지 못함을
용서하여 주시기를 원합니다.
부부 간에 서로 이해하지 못하고 배려하지 못하고
갈등을 일으킨 죄를 모두 다 용서하여 주시기를 원합니다.
부부 사이에 성격 차이가 있다고 갈등을 일삼고
이혼을 생각한 죄를 용서하여 주시기를 원합니다.
부부 사이도 먼저 배려하고 인내하며

주 안에서 믿음과 사랑을 키워 나가게 하여 주시기를 원합니다.
우리 가족이 서로 사랑하게 하여 주시기를 원합니다.
우리 가족이 서로 칭찬하게 하여 주시기를 원합니다.
우리 가족이 서로 배려하게 하여 주시기를 원합니다.
우리 가족이 서로 이해하게 하여 주시기를 원합니다.
우리 가족이 서로 감싸게 하여 주시기를 원합니다.
우리 가족이 서로 아껴주게 하여 주시기를 원합니다.
우리 가족이 서로 인내하게 하여 주시기를 원합니다.
우리 가족이 서로 신뢰하게 하여 주시기를 원합니다.
우리 가족이 서로 기도하게 하여 주시기를 원합니다.
우리 가족이 예수를 믿음으로
주님의 사랑과 평화 속에 살게 하여 주시기를 원합니다.
"대소 무론하고 여호와를 경외하는 자에게 복을 주시리로다
여호와께서 너희 곧 너희와 또 너희 자손을
더욱 번창케 하시기를 원하노라"(시편 115:13-14)
말씀처럼 가정에 복을 주시고
자손이 믿음으로 번창하도록 하여 주시기를 원합니다.
가족에게 상한 마음으로 대하지 않게 하여 주시고
선한 마음으로 대하게 하여 주시기를 원합니다.
행복과 사랑이 넘치는 가정을 만들지 못하고
화를 내고 다투었던 것들을 용서하여 주시기를 원합니다.
"우리가 선을 행하되 낙심하지 말찌니
피곤하지 아니하면 때가 이르매 거두리라

그러므로 우리는 기회 있는대로 모든 이에게 착한 일을 하되
더욱 믿음의 가정들에게 할찌니라"(갈라디아서 6:9-10)
말씀처럼 믿음의 가정을 위하여
착한 일을 하게 하여 주시기를 원합니다.
때로는 날카로운 말로 가족의 마음에 상처를 준 죄를
용서하여 주시기를 원합니다.
자녀들을 위하여 기도하며
주님의 말씀으로 지도하며
주님이 원하시는 삶을 살도록 늘 함께 기도하는
가정이 되기를 원합니다.
부모로서 자녀들에게 믿음 생활에 모범을 보이고
항상 기도하며 사랑을 충만하게 나눌 수 있기를 원합니다.
사랑이 나의 가족을 튼튼하고 견고하게 하기를 원합니다.
자녀의 마음을 온전히 보살피지 못하고
자녀의 진로에 무리한 요구를 한 것을 용서하여 주시기를 원합니다.
온유한 마음으로 가족을 바라봐주어야 하는데
무뚝뚝한 표정으로 상처를 준 죄를 용서하소서.
온 가족이 주님을 온전히 섬기며 살게 하여 주시기를 원합니다.
온 가족이 주님 앞에 예배드리는 기쁨을 갖게 하여 주시기를 원합니다.
온 가족이 서로를 섬기는 마음을 갖게 하여 주시기를 원합니다.
온 가족이 이웃을 사랑하는 마음을 갖게 하여 주시기를 원합니다.
온 가족이 복음을 전하는 기쁨을 누리게 하여 주시기를 원합니다.
온 가족이 믿음의 삶을 온전히 살게 하여 주시기를 원합니다.

"자식은 여호와의 주신 기업이요
태의 열매는 그의 상급이로다"(시편 127:3)
말씀처럼 그대로 이루어지기를 원합니다.
때때로 성격 차이로, 물질 관계로, 이해 관계로
가족 간에 언쟁하고 다툰 일들을 용서하여 주시기를 원합니다.
온 가족이 주님을 온전히 섬기며
예수 그리스도의 이름으로 구원받게 하여 주시기를 원합니다.
믿지 않는 가족들이 주님을 온전히 영접하도록
전도하지 못함을 용서하여 주시고
그들을 위하여 간구하지 못한 죄를 용서하여 주시기를 원합니다.
주 안에서 복된 가정이 되게 하여 주시고
예수 그리스도 나의 주님!
주님의 능력의 비결이 기도이오니 주님의 삶을 닮아가며
기도하는 생활로 영적인 능력을 얻게 하여 주시기를 원합니다.
주님의 인도하심을 내 마음대로 저울질하지 않게 하여 주시고
온전히 모든 것을 맡기며 살게 하여 주시기를 원합니다.
"여호와여 주의 백성에게 베푸시는 은혜로 나를 기억하시며
주의 구원으로 나를 권고하사
나로 주의 택하신 자의 형통함을 보고
주의 나라의 기쁨으로 즐거워하게 하시며
주의 기업과 함께 자랑하게 하소서"(시편 106:4-5)
말씀처럼 주의 말씀이 삶에 그대로 적용되기를 원합니다.
온 가족이 주님을 신뢰하며 살게 하여 주시기를 원합니다.

온 가족이 맡은 일에 충실하여
경제적으로 부족함이 없게 하여 주시기를 원합니다.
가족 중에 주님을 영접하지 못하고
주님을 믿지 못하는 사람들에게
복음을 온전히 전하지 못함을 용서하여 주시기를 원합니다.
모든 가족이 주님을 영접하여 천국 백성이 될 수 있도록
길이요 진리요 생명이신 주님께서 인도하여 주시기를 원합니다.
범사에 감사하고 늘 기뻐하고 늘 기도하는 삶으로
거룩한 성도의 삶을 살게 하여 주시기를 원합니다.
복의 근원이 되시는 주님 앞에
악은 모양이라도 버리고
모든 죄악을 회개하여 용서받게 하여 주시기를 원합니다.
죄악의 유혹이 가득한 이 모진 세상에서
자녀들을 주님의 말씀으로 양육하지 못하고
그들을 위하여 더 많이 기도하지 못함을
용서하여 주시기를 원합니다.
자녀들의 마음에 생명의 복음의 씨앗을
온전히 심어주지 못함을 용서하여 주시기를 원합니다.
주님이 주신 자녀를 나의 고집으로 키우지 않게 하시고
주님의 은혜로 키우게 하여 주시기를 원합니다.
자녀에게 세상을 쉽게 사는 방법을 가르치기보다는
고난과 역경을 이겨내고 피와 땀과 눈물이 주는 결실을
기쁨으로 알 수 있도록 키우게 하여 주시기를 원합니다.

남을 이기는 방법보다 남과 함께 나누고 섬기는 마음을
가르치게 하여 주시기를 원합니다.
유머와 웃음이 있는 삶을 통하여 가족과 화목하게 살게 하시고
날마다 내려주시는 은혜 속에 죄짓는 삶이 아니라
성령의 열매를 맺는 삶을 살게 하여 주시기를 원합니다.
주님의 자비하신 은혜를 날마다 체험하며
살게 하여 주시기를 원합니다.
자녀들의 호흡과 맥박과 생명을 주관하시는 주님께서
그들을 평생토록 인도하시고 보호하여 주시기를 원합니다.
부모의 은혜에 온전히 감사하지 못하고 불순종한 죄가 있으면
모든 죄를 용서하여 주시기를 원합니다.
상한 갈대를 붙잡아주시고 인도하시는 주님께서
나의 심령을 붙잡아주사
나의 모든 죄를 용서하여 주시기를 원합니다.
가족들을 사랑할 수 있도록 건강한 마음, 성결한 마음,
따뜻한 마음을 주시기를 원합니다.
가족을 사랑하고 행복한 가정을 만들어야
모든 일에 자신이 있고 열정적으로 임할 수 있으니
가족을 행복한 울타리로 만들어주시기를 원합니다.
"사랑하는 자들아 우리가 지금은 하나님의 자녀라
장래에 어떻게 될 것은 아직 나타나지 아니하였으나
그가 나타내심이 되면 우리가 그와 같을 줄을 아는 것은
그의 계신 그대로 볼 것을 인함이니"(요한일서 3:2)

말씀처럼 우리가 주님의 신령한 은혜에 참여하게 하옵소서.

주님께서 나의 죄를 용서하여 주셔서
바다처럼 넓은 마음으로 살게 하여 주시기를 원합니다.
가정이 날마다 믿음 속에 살지 못함을 용서하여 주시기를 원합니다.
주님이 허락하신 삶 동안에 가족이 서로 사랑하며
인내하며 감싸주고 위로해 주며 살게 하여 주시기를 원합니다.
서로 간에 주고받는 사랑을 가슴에 또렷이 새겨
어려운 이웃과 나누기를 원합니다.
자녀들에게 지혜롭고 훌륭한 부모가 되기를 원합니다.
자녀들을 나의 욕심에 따라 키우려 했던 죄를
용서하여 주시기를 원합니다.

"새 사람을 입었으니
이는 자기를 창조하신 자의 형상을 좇아
지식에까지 새롭게 하심을 받는 자니라"(골로새서 3:10)

말씀처럼 새 사람을 입어 새롭게 하여 주시기를 원합니다.
자녀들을 위하여 충분히 응원하지 못하고
충분히 배려하지 못함을 용서하여 주시기를 원합니다.
나의 말과 행동이 독이 되어 가족 간에 만들어진 상처가 있으면
주님의 사랑으로 아물게 하여 주시기를 원합니다.
가족들이 죄를 지었을 때 갈등을 풀어갈 수 있는
지혜와 믿음을 주시기를 원합니다.
가족들이 죄를 지었을 때 회피하지 않고
서로를 위하여 도고의 기도를 드리기를 원합니다.

가족들이 죄를 지었을 때 변명하기보다
죄를 회개하고 함께 기도할 수 있는 마음을 주시기를 원합니다.
가족들이 죄를 지었을 때 책임을 떠넘기지 않고
붙잡아주고 함께하여 주님의 이름으로
죄에서 떠날 수 있게 도와주고 기도해 줄 수 있는
믿음을 주시기를 원합니다.
가족들이 죄를 지었을 때 숨기기보다
주님 앞에 드러내어 용서받고 구원받게 하여 주시기를 원합니다.
가족이 부지런히 대화를 나누어
마음의 공간이 믿음과 사랑으로 가득하여
행복한 삶을 살게 하여 주시기를 원합니다.
"너희는 스스로 조심하라
만일 네 형제가 죄를 범하거든 경계하고 회개하거든 용서하라
만일 하루 일곱번이라도 네게 죄를 얻고
일곱번 네게 돌아와 내가 회개하노라 하거든
너는 용서하라 하시더라"(누가복음 17:3-4)
말씀처럼 넓은 마음을 주셔서 형제를 용서하고
사랑으로 받아들일 수 있도록 인도하여 주시기를 원합니다.
우리가 형제와 가족의 죄를 용서하지 못하면
우리의 죄를 용서받지 못하니
주여, 나의 모든 죄를 용서하여 주시기를 원합니다.
갈등과 반복보다는 사랑이 가득한 삶을 살게 하여 주옵소서.
가족이 한 마음으로 주님을 섬기며

서로를 섬길 수 있는 믿음을 주시기를 원합니다.
항상 주님의 인도하심 따라 사는
믿음의 가족이 되게 하여 주시기를 원합니다.
늘 성령 충만하게 하여 주시고
항상 주 안에서 기뻐하며 살게 하여 주시기를 원합니다.
우리 주 예수 그리스도 이름으로 기도합니다. 아멘!

아주 적은 시간일지라도

사랑의 주님!
멈출 수 없는 시간 속에서
쉴 새 없는 몸부림으로
지나간 자국들이 고통을 만들어놓을 때마다
주님과 더욱 동행하는 삶을 살게 하소서!

늘 성급하게 손짓하며
쓸데없는 것들을 불러들여
만들어버린 습관대로 살아가며
헛되이 흘려보내지 않게 하여 주소서!

다급하게 흘러가는 시간 속에
맨몸으로 뛰어들어
가슴이 짜릿하도록
무엇을 만들어갈 것인가
허망한 꿈을 갖지 않게 하소서!

아주 적은 시간일지라도
뜨거운 눈빛으로 바라보며
손에 잡히는 보람된 일을 해나갈 수 있도록
삶의 모습이 달라질 수 있도록 기도하며
믿음으로 살아가게 하소서!

-용혜원-

9
음란한 죄를 용서하여 주소서!

정결하신 주님!
나의 생각에 몸에 음란함이 구정물처럼 흐르게 한
죄를 용서하여 주시기를 원합니다.
음란한 생각과 행동으로 지은 죄를 주께서 아시오니
내 입으로 말할 수 없는 죄까지 다 용서하여 주시기를 원합니다.
음란물을 보고 성욕을 일으켰던 죄를 용서하여 주시고
나의 시선과 생각이 유혹에 빠져 마음이 몹시 흔들렸음을
용서하여 주시기를 원합니다.
"또 간음치 말라 하였다는 것을 너희가 들었으나
나는 너희에게 이르노니 여자를 보고 음욕을 품는 자마다

마음에 이미 간음하였느니라"(마태복음 5:27-28)
말씀처럼 여자를 보고 음욕을 품은 적이 있어 회개하오니
용서하여 주시기를 원합니다.
욕망이 파도처럼 거세게 몰려와 사창가를 서성거리고
음란한 장소를 가기를 원했던 죄를 용서하여 주시기를 원합니다.
음란한 마음으로 남에게 마음의 상처를 주었다면
그 모든 것들을 용서하여 주시기를 원합니다.
"그러므로 너희는 죄로 너희 죽을 몸에 왕노릇하지 못하게 하여
몸의 사욕을 순종치 말고
또한 너희 지체를 불의의 병기로 죄에게 드리지 말고
오직 너희 자신을 죽은 자 가운데서 다시 산 자 같이 하나님께 드리며
너희 지체를 의의 병기로 하나님께 드리라"(로마서 6:12-13)
말씀처럼 몸과 마음을 죄에서 떠나게 하여 주시기를 원합니다.
음욕에 도취되어 즐기던 음탕한 것들을 모두 버리게 하여 주시고
모든 죄악을 사하여 주시기를 원합니다.
사랑을 빙자하고 외로움을 핑계 삼아 지은
갖가지 음란한 죄를 회개하오니
모든 죄를 용서하여 주시고 구원하여 주시기를 원합니다.
나의 삶 동안 지은 모든 음란한 죄를 다 용서하여 주셔서
몸이 아니라 피에 지은 죄를 용서하여 주시기를 원합니다.
죄악의 악몽을 꿈꾸며 즐기던 일들을 용서하여 주시고
욕망에 가슴이 불타오르던 시간들을 용서하여 주시기를 원합니다.
욕망에 굶주린 짐승처럼 정욕에 빠져 날뛰던 날들을

다 버리게 하여 주시고

주님의 보혈로 용서하여 주시기를 원합니다.

"음행과 온갖 더러운 것과 탐욕은

너희 중에서 그 이름이라도 부르지 말라

이는 성도의 마땅한 바니라

누추함과 어리석은 말이나 희롱의 말이 마땅치 아니하니

돌이켜 감사하는 말을 하라

너희도 이것을 정녕히 알거니와

음행하는 자나 더러운 자나 탐하는 자 곧 우상 숭배자는

다 그리스도와 하나님 나라에서 기업을 얻지 못하리니"

(에베소서 5:3-5)

말씀처럼 음행을 회개하여 던져버리게 하여 주시기를 원합니다.

"너희가 하나님의 성전인 것과 하나님의 성령이

너희 안에 거하시는 것을 알지 못하느뇨

누구든지 하나님의 성전을 더럽히면

하나님이 그 사람을 멸하시리라

하나님의 성전은 거룩하니 너희도 그러하니라"(고린도전서 3:16-17)

우리의 몸이 하나님의 성전이니 음란으로 더럽혀

하나님의 섭리에서 죄를 짓지 않게 하여 주시기를 원합니다.

음란한 죄악에서 벗어날 수 있는 길은

주님의 이름으로 기도하고 용서를 받는 것뿐이니

주여 용서하여 주시기를 원합니다.

결국에는 죽음의 어둠 속으로 시들고 말 인생에 연연하지 말고

영원한 생명 주시는 주님의 길로 인도받게 하옵소서.
"피차 사랑의 빚 외에는 아무에게든지 아무 빚도 지지 말라
남을 사랑하는 자는 율법을 다 이루었느니라
간음하지 말라, 살인하지 말라, 도적질 하지 말라,
탐내지 말라 한 것과 그 외에 다른 계명이 있을찌라도
네 이웃을 네 자신과 같이 사랑하라 하신
그 말씀 가운데 다 들었느니라
사랑은 이웃에게 악을 행치 아니하나니
그러므로 사랑은 율법의 완성이니라"(로마서 13:8-10)
말씀처럼 음란하게 살지 않고
이웃을 사랑하며 살게 하여 주시기를 원합니다.
음란한 죄를 짓고 어둠 속에서 두려워하기보다
주님의 자녀다운 삶을 살아가게 하여 주시기를 원합니다.
흔해빠진 세속적인 사랑에 빠져
죄를 짓지 않게 하여 주시고
오직 하나뿐인 주님의 사랑을 받게 하여 주옵소서.
세속적인 죄악을 냉정하게 판단할 수 있는 지혜를 주시고
주님의 사랑에는 뜨거운 열정을 갖고 살게 하여 주시기를 원합니다.
죄악의 유혹에 내 마음이 뿌리째 흔들리는
어리석은 일이나 행동이 없도록 인도하여 주시기를 원합니다.
세속적인 죄악은 거짓에서 시작되오니
주님의 말씀으로 진실한 삶을 살게 하여 주시기를 원합니다.
"예수께서 가라사대 너희도 아직까지 깨달음이 없느냐

입으로 들어가는 모든 것은 배로 들어가서
뒤로 내어 버려지는 줄을 알지 못하느냐
입에서 나오는 것들은 마음에서 나오나니
이것이야말로 사람을 더럽게 하느니라
마음에서 나오는 것은 악한 생각과 살인과 간음과
음란과 도적질과 거짓 증거와 훼방이니
이런 것들이 사람을 더럽게 하는 것이요
씻지 않은 손으로 먹는 것은
사람을 더럽게 하지 못하느니라"(마태복음 15:16-20)
말씀처럼 나의 마음과 영혼이 온갖 것으로 더럽혀졌으니
주여, 회개하오니 나의 죄악을 용서하여 주시기를 원합니다.
이 땅의 아버지들이 이 땅의 어머니들이
음란한 문화에 현혹되어 죄를 짓지 않게 하여 주시기를 원합니다.
모든 죄악은 술에서 시작되오니
자제하고 잘 견디어 나갈 수 있도록 인도하여 주시고
그들의 마음을 치유하여 주시기를 원합니다.
유혹의 손길을 뿌리치지 못하고 넘어갔던 죄에서 벗어나
성결하고 정결한 삶을 살게 하여 주시기를 원합니다.
거룩한 삶을 살지 못하고 어둠 속에서
음지의 삶을 즐기던 세월을 용서하여 주시기를 원합니다.
음란하고 방탕한 삶을 자랑으로 여기는 사람들의
입과 마음을 주장하여 주셔서 그들이 깨닫고
주님 앞으로 돌아서서 회개할 수 있는 마음을 주시기를 원합니다.

성을 사고파는 이들의 영혼을 인도하여 주셔서
그들이 정결하고 깨끗한 삶을 살게 하여 주시기를 원합니다.
"이는 세상에 있는 모든 것이
육신의 정욕과 안목의 정욕과 이생의 자랑이니
다 아버지께로 좇아 온 것이 아니요
세상으로 좇아 온 것이라
이 세상도 그 정욕도 지나가되
오직 하나님의 뜻을 행하는 이는 영원히 거하느니라"
(요한일서 2:16-17)
말씀처럼 하나님의 뜻을 행하며 살게 하여 주시기를 원합니다.
음란물로 돈을 벌려는 사람들의 마음을 바로잡아 주시고
변화를 일으켜 주셔서 타락에서 벗어나
정결한 삶을 살게 하여 주시기를 원합니다.
말초신경을 자극하는 것들에 눈을 돌려 죄짓기보다
천지만물을 허락하시고 하늘과 땅과 하늘과 바다와
들판과 산과 모든 것을 허락하신 주님의 축복을
마음껏 누리며 살게 하여 주시기를 원합니다.
음란에 빠진 죄악은 피눈물 흘리며 울어도 해결되지 않으니
주여, 나의 고백을 들어주셔서 용서하여 주시기를 원합니다.
아무리 닦아도 씻어지지 않는 더러운 죄악을
주님의 보혈과 사랑으로 씻어주시기를 원합니다.
음란한 시설을 만들고 그곳에서 종사하는 사람들의
마음과 생각과 행동을 변화시켜 주셔서

새로운 삶을 살게 하여 주시기를 원합니다.
성을 사고파는 사람들의 마음에 성령의 빛이 비추어
새로운 삶을 살게 하여 주시기를 원합니다.
"식물은 배를 위하고 배는 식물을 위하나
하나님이 이것 저것 다 폐하시리라
몸은 음란을 위하지 않고 오직 주를 위하며
주는 몸을 위하시느니라"(고린도전서 6:13)
말씀처럼 몸을 음란의 도구로 사용하지 않게 하여 주시고
주님을 위하여 사용하게 하여 주시기를 원합니다.
"너희 몸은 너희가 하나님께로부터 받은바
너희 가운데 계신 성령의 전인 줄을 알지 못하느냐
너희는 너희의 것이 아니라 값으로 산 것이 되었으니
그런즉 너희 몸으로 하나님께 영광을 돌리라"(고린도전서 6:19-20)
말씀처럼 우리의 몸은 성령의 전이오니
음란한 죄에서 떠나 성결하게 살게 하여 주시기를 원합니다.
삶 속의 음란한 마음과 행동에서 떠나
주의 말씀을 묵상하며 성령의 인도하심 따라
정결한 삶을 살게 하여 주시기를 원합니다.
음란한 삶이 나의 영혼을 더럽히오니
주여, 몸과 마음을 주장하사
정결한 성도의 삶을 살게 하여 주시기를 원합니다.
주여! 간구하오니 더러운 욕망에서 벗어나
주님의 친절하심과 겸손하심과 자비하심과

온유하심 속에 빠져 들어가
성령의 치유를 받게 하여 주시기를 원합니다.
나의 몸과 마음에서 더러운 욕망을 던져버리고
주님 앞에서 새롭게 변화되게 하여 주시기를 원합니다.
욕망 속에서 방황하거나 허무한 것을 붙잡지 않고
주님을 바라보게 하여 주시기를 원합니다.
주님의 음성을 듣지 못하는 죄를 범치 말게 하여 주시고
성도로서 성결한 삶을 살아
천국을 소망하며 살게 하여 주시기를 원합니다.
우리 주 예수 그리스도 이름으로 기도합니다. 아멘!

10
남을 위하여 봉사하지 못한 죄를 용서하소서!

겸손하신 주님!
지극히 작은 소자에게도 냉수 한 그릇 대접하는 것을
주님께서 기억하시니 봉사할 수 마음을 주시기를 원합니다.
삶 속에서 항상 주님의 사랑을 기억하면서
가난하고 상처받은 이웃들을 위하여
봉사하는 삶을 살아가게 하여 주시기를 원합니다.
십자가의 보혈로 구원받았음을 알면서도
항상 나만을 위하여 살며 남을 위하여
사랑으로 봉사하지 못함을 용서하여 주시기를 원합니다.
남을 위하여 봉사하는 마음을 가져

따뜻한 세상을 만들어가게 하여 주시기를 원합니다.
나만을 위한 이기적인 삶이 아니라
나와 너 그리고 우리가 함께하는
복된 성도의 삶을 살게 하여 주시기를 원합니다.
"너는 구제할 때에 오른손의 하는 것을 왼손이 모르게 하여
네 구제함이 은밀하게 하라
은밀한 중에 보시는 너의 아버지가 갚으시리라"(마태복음 6:3-4)
말씀처럼 구제와 봉사를 펼치기를 원합니다.
이 땅과 전 세계에는 아직도
정신적인 고통과 육체적인 고통, 물질적인 고통으로
힘들어하는 사람들이 많사오니 인도하여 주시기를 원합니다.
"나와 같이 모든 일에 모든 사람을 기쁘게 하여
나의 유익을 구치 아니하고 많은 사람의 유익을 구하여
저희로 구원을 얻게 하라"(고린도전서 10:33)
삶 속에 사람들을 기쁘게 하여 예수 그리스도의 이름으로
구원받게 하여 주시기를 원합니다.
주님께서 허락하신 삶 동안에 좀 더 나누고,
좀 더 베풀고, 좀 더 이해하고,
좀 더 사랑하지 못함을 용서하여 주시기를 원합니다.
말 한마디, 눈빛 하나, 손길 하나에도
따스함을 느끼는 사람들에게 늘 바쁘다는 핑계로
보살피지 못함을 용서하여 주시기를 원합니다.
어려움과 고통을 겪는 사람들에게 주님의 마음으로

사랑과 나눔을 베풀지 못함을 용서하여 주시기를 원합니다.
세상에는 양지에서 행복하게 살아가는 사람도 많지만
음지에서 어려움을 겪는 사람들이 많사오니
위로와 격려와 배풂과 사랑을 나누는 삶을
살게 하여 주시기를 원합니다.
"그러나 이제는 너희가 죄에게서 해방되고
하나님께 종이 되어 거룩함에 이르는 열매를 얻었으니
이 마지막은 영생이라
죄의 삯은 사망이요 하나님의 은사는
그리스도 예수 우리 주 안에 있는 영생이니라"(로마서 6:22-23)
말씀처럼 주 안에서 영생을 얻게 하여 주시기를 원합니다.
내 이웃을 내 몸처럼 사랑하라신 주님의 말씀을
실천할 수 있는 믿음과 용기를 주시기를 원합니다.
갈등과 반목과 시련 속에 고통당하는 사람들을 인도하여 주시고
병상에서 아픔으로 힘들어하는 사람들과
장애를 입은 사람들에게 봉사하지 못함을 용서하여 주시고
봉사할 수 있는 마음을 주시기를 원합니다.
남을 위한 봉사를 진심으로 하게 하여 주시기를 원합니다.
남을 위한 봉사를 온전한 헌신으로 하게 하여 주시기를 원합니다.
남을 위한 봉사를 물질을 아끼지 않고 하게 하여 주시기를 원합니다.
삶을 슬기롭고 지혜롭게 살게 하여 주시고
사랑과 열정을 갖고 살아가며 이웃을 도울 수 있는
힘과 용기를 주시기를 원합니다.

사마리아 사람처럼 어려움을 당하는 사람들에게
사랑을 베풀 수 있는 사랑의 마음을 주시기를 원합니다.
가난에 시달리는 사람들을 인도하여 주시고
조금이라도 도울 수 있는 마음을 열어주시기를 원합니다.
전쟁을 일으키는 살인자들과 독재자들의 잔혹한 마음을
변화시켜 주시기를 원합니다.
자기주장만 옳다고 외치는 어리석은 자들의 죄악을
용서하여 주시기를 원합니다.
죄를 지은 마음이 무거울 때
마음이 갖가지 사정으로 괴로울 때
고통과 질병, 온갖 슬픔이 몰려올 때도
주님께 온전히 의탁하며 회개하고 돌이켜
주님의 인도하심을 받게 하여 주시기를 원합니다.
"하나님이여 사슴이 시냇물을 찾기에 갈급함 같이
내 영혼이 주를 찾기에 갈급하니이다"(시편 42:1)
주여, 내 영혼을 갈급하오니 주의 은혜로 채워주시기를 원합니다.
죄악으로 인한 괴로움에 잠들지 못할 때에도
고통 속에 있지 말고 회개하여
편안한 잠을 잘 수 있도록 인도하여 주시기를 원합니다.
주님의 은혜 속에서 지혜롭게 살게 하여 주시기를 원합니다.
절망 많은 삶 속에서 불행과 고통에 시달리지 않고
주님이 주시는 축복 속에 살게 하여 주시기를 원합니다.
죄악과 어둠 속에 거하는 고통의 삶이 아니라

회개를 통하여 빛 가운데 사는
성도의 삶을 살게 하여 주시기를 원합니다.
외로움을 빙자하여 고독함을 빙자하여
이웃에게 죄 짓는 삶을 살지 않게 하여 주시기를 원합니다.
봉사를 통하여 주님의 사랑을 깨닫게 하여 주시고
이 땅에 죄인들을 섬기려 오셨다는 사랑의 의미를
온전히 깨닫게 하여 주시기를 원합니다.
"오직 여호와를 앙망하는 자는 새 힘을 얻으리니
독수리의 날개치며 올라감 같을 것이요
달음박질하여도 곤비치 아니하겠고
걸어가도 피곤치 아니하리로다"(이사야 40:31)
말씀처럼 주님의 은혜 가운데 살게 하여 주시기를 원합니다.
이 땅에는 죄악에 살면서도 애타는 마음으로 살아가는
사람들이 많사오니 주님께서 인도하여 주시기를 원합니다.
주여, 간구하오니 나의 기도를 들어주시기를 원합니다.
때때로 몰아치는 죄를 짓게 하는 마음을 붙잡아주시기를 원합니다.
"그러므로 이제 그리스도 예수 안에 있는 자에게는
결코 정죄함이 없나니 이는 그리스도 예수 안에 있는
생명의 성령의 법이 죄와 사망의 법에서
너를 해방하였음이라"(로마서 8:1-2)
말씀처럼 죄와 사망의 법에서 해방되게 하여 주시기를 원합니다.
성령의 열매를 맺게 하여 주셔서
하늘 사랑으로 가득하게 하여 주시기를 원합니다.

나의 삶 속에서 주님의 은혜를 체험할 때마다
늘 감사의 기도를 드리게 하여 주시기를 원합니다.
갈수록 마음들이 강퍅해져도
이웃을 사랑하며 봉사하는 마음은
변하지 않게 하여 주시기를 원합니다.
"네가 이 세대에 부한 자들을 명하여 마음을 높이지 말고
정함이 없는 재물에 소망을 두지 말고
오직 우리에게 모든 것을 후히 주사 누리게 하시는 하나님께 두며
선한 일을 행하고 선한 사업에 부하고 나눠주기를 좋아하며
동정하는 자가 되게 하라"(디모데전서 6:17-18)
말씀처럼 나누는 삶을 살아 의롭게 살게 하여 주시기를 원합니다.
하나님의 역사의 흐름 속에서
이웃을 내 몸과 같이 사랑할 수 있는 복된 마음을 주셔서
이웃에게 죄짓지 않게 하여 주시기를 원합니다.
죄가 압력을 가하여 고통을 줄 때도
주님의 은혜와 사랑으로 평안을 되찾게 하여 주시기를 원합니다.
처절히 회개함으로 영이 회복되게 하여 주시기를 원합니다.
처절히 회개함으로 삶이 회복되게 하여 주시기를 원합니다.
세상이 물질경쟁으로 치닫더라도 늘 겸손한 마음으로
이웃을 섬기는 성도의 삶을 살게 하여 주시기를 원합니다.
믿음의 삶을 살아 언제나 익숙하게
주님을 만나게 하여 주시기를 원합니다.
죄가 있으면 죄악의 점 하나까지

모두 다 회개하게 하여 주시기를 원합니다.
"사람이 감당할 시험 밖에는 너희가 당한 것이 없나니
오직 하나님은 미쁘사 너희가 감당하지 못할
시험 당함을 허락하지 아니하시고
시험 당할 즈음에 또한 피할 길을 내사
너희로 능히 감당하게 하시느니라"(고린도전서 10:13)
말씀처럼 주님의 이름으로 시험을 이겨내게 하여 주시기를 원합니다.
주여, 내가 주님을 안다고 말하고 고백하지만
나를 진정으로 아시는 분은 주님뿐이오니
나의 모든 것을 아시는 주님께서 항상 인도하여 주시고
지도하여 주시고 교훈을 주시기를 원합니다.
회개함으로 하나님이 주시는 진정한 기쁨과 감격을
체험하며 살게 하여 주시기를 원합니다.
항상 나누고 베풀고 사랑하면 더 풍성해지는 비결을 아오니
믿음 안에서 봉사하며 살게 하여 주시기를 원합니다.
주님의 자녀답게 세상의 빛과 소금이 되어
사랑하며 나누며 살게 하여 주시기를 원합니다.
우리 주 예수 그리스도 이름으로 기도합니다. 아멘!

11
모르고 지은 죄를 용서하소서!

모든 것이 되시는 주님!
삶 속에서 기억하지 못하고 알지 못하고 지은 죄를 용서하여 주시고
나의 삶의 길을 인도하여 주시기를 원합니다.
주님이 허락하신 삶을 가벼이 살지 않게 하여 주시고
고귀한 생명을 주신 주님께 감사하며 살게 하여 주시기를 원합니다.
자신도 모르게 빠져버린 죄악의 구렁텅이에서 건져내어
구원하여 주시기를 원합니다.
"육신을 좇는 자는 육신의 일을,
영을 좇는 자는 영의 일을 생각하나니
육신의 생각은 사망이요

영의 생각은 생명과 평안이니라"(로마서 8:5-6)
육신의 생각이 아니라 영의 생각으로
생명과 평안을 얻게 하여 주시기를 원합니다.
죄악 속에서 빠져나와 회개하려 할 때
사단의 조롱소리가 귓가에 가득하오니
오직 믿음으로 회개하여 구원받게 하여 주시기를 원합니다.
알지 못하는 죄가 드러나면 마음이 괴롭사오니
주여, 그 죄를 회개하오니 받아주시기를 원합니다.
죄악이 화살처럼 날아와 심장을 찔러댈 때
주님께 온전히 회개하여 평안을 찾게 하여 주시기를 원합니다.
알고 지은 죄 모르고 지은 죄를 통회하오니
인도하여 주시기를 원합니다.
은밀하고 추악한 죄악에서 떠난 생활을 할 수 있도록
성령께서 인도하여 주시기를 원합니다.
봄햇살이 생명을 주듯 나의 삶에 주님의 말씀이 가득하여
생명의 주인이신 주 안에서
평안을 누리며 살게 하여 주시기를 원합니다.
"하나님이여 내 기도에 귀를 기울이시고
내가 간구할 때에 숨지 마소서
내게 굽히사 응답하소서
내가 근심으로 편치 못하여 탄식하오니
이는 원수의 소리와 악인의 압제의 연고라
저희가 죄악으로 내게 더하며 노하여 나를 핍박하나이다

내 마음이 내 속에서 심히 아파하며
사망의 위험이 내게 미쳤도다"(시편 55:1-4)
말씀처럼 나의 기도를 들으사 나의 죄를 용서하여 주시고
사단의 억압에서 구원하여 주시기를 원합니다.
죄악의 덩어리, 죄악의 응어리가 회개함으로
주님의 용서하심으로 풀어지게 하여 주시기를 원합니다.
알지 못하고 생각지도 않은 죄를 회개하지 않아
지옥에 들어가는 일이 없도록
주여, 인도하여 주시기를 원합니다.
죄를 죄로 알지 못하고 정당하게 생각하는 죄가 있으면
모두 다 회개하오니 용서하여 주시기를 원합니다.
나의 모든 죄를 통곡하며 회개하오니
주님께서 긍휼히 여겨주시고 인도하여 주시기를 원합니다.
죄악으로 인하여 더럽혀진 마음이 회개로 인하여
맑고 깨끗해져 진실한 삶을 살게 하여 주시기를 원합니다.
죄악으로 인하여 주님의 사랑과 복음을 변질시키는
추악한 죄를 범치 않도록 인도하여 주시기를 원합니다.
죄악의 담장을 높이 쌓아 주님을 바라보지 못하는
비극적인 일이 일어나지 않도록 인도하여 주시기를 원합니다.
주님의 손길을 놓쳐버리는 어리석은 행동이
나의 삶에서 일어나지 않도록 인도하여 주시기를 원합니다.
주님께서 나의 죄를 사하여 주시고 응답하여 주시기를 원합니다.
주님 앞에 무릎을 꿇고 기도하며

모든 죄악을 드러내고 주님께 용서받게 하여 주시기를 원합니다.
"나는 너희를 위하여 기도하기를 쉬는 죄를
여호와 앞에 결단코 범치 아니하고
선하고 의로운 도로 너희를 가르칠 것인즉
너희는 여호와께서 너희를 위하여 행하신 그 큰 일을 생각하여
오직 그를 경외하며
너희의 마음을 다하여 진실히 섬기라"(사무엘상 12:23-24)
말씀처럼 기도를 쉬는 죄를 범하지 않게 하여 주시고
하나님을 온전히 섬기도록 하여 주시기를 원합니다.
나의 삶 속에서 사람과 나라와 인종을 차별하는 못된 습성이 있으면
그 모든 죄를 용서하여 주시기를 원합니다.
남을 미워하고 사랑하지 못한 것이 있으면
주님의 이름으로 모든 것을 감싸줄 수 있는
넓은 마음을 주시기를 원합니다.
타인의 것을 내 것으로 만들고 싶어 하는 욕심을 용서하여 주시고
다른 사람이 잘 되는 것을 질투하고 시기하는 못된 마음을
용서하여 주시기를 원합니다.
나의 마음이 교만하지 않고 늘 겸손하게 주님을 섬기며
가족과 이웃을 섬기게 하여 주시기를 원합니다.
남에게 온유한 마음으로 친절을 베풀고
사랑하는 마음으로 정을 나누며 살게 하여 주시기를 원합니다.
죄악의 장애물이 주님께로 나아가는 길을 막더라도
회개를 통하여 깨끗하게 치워버리고

주님의 이름으로 구원받게 하여 주시기를 원합니다.

내가 지은 큰 죄들은 더러 생각이 나지만

아주 작은 죄들은 기억도 나지 않고 죄라고 생각하지도 못하오니

그러한 모든 죄들까지 주님께서 용서하여 주시기를 원합니다.

"사랑하는 자들아 너희를 시련하려고 오는 불시험을

이상한 일 당하는것 같이 이상히 여기지 말고

오직 너희가 그리스도의 고난에 참예하는 것으로 즐거워하라

이는 그의 영광을 나타내실 때에

너희로 즐거워하고 기뻐하게 하려 함이라"(베드로전서 4:12-13)

죄악을 핑계 삼아 사단이 겁을 주고 두려움이 몰려와도

아무런 의심과 걱정이 없이 주님을 온전하게 기억하며

하나님의 구원하심에 모든 것을 맡기게 하여 주시기를 원합니다.

하나님은 나의 목자시니 나의 구원이 하나님께 있다는 것을

온전히 믿고 따르게 하여 주시기를 원합니다.

죄가 마음에 충돌을 일으켜 심령이 파괴되고

더 큰 죄를 범하지 않게 나의 심령을 지켜주시기를 원합니다.

죄로 인하여 절망이 가득하여

모든 것이 무너지고 파괴되고 흐트러져도

주여! 일으켜 세워주시고 견고하게 하여 주시기를 원합니다.

죄가 더 큰 죄를 물고 들어오고

죄가 악마의 큰 입으로 나를 삼키려 할 때에도

주여 나를 구해 주시고 인도하여 주시기를 원합니다.

주님이 원하시는 삶에서 떠났던 죄를 용서하여 주시기를 원합니다.

주님이 원하시는 길에서 떠났던 죄를 용서하여 주시기를 원합니다.
주님이 원하시는 뜻대로 살지 못함을 용서하여 주시기를 원합니다.
늘 주님의 음성을 들으며 생명의 꼴을 먹고
죄 짓는 삶에서 벗어나게 하여 주시기를 원합니다.
주여, 나는 부족하고 연약하오니 생명의 빛 되신
주님께서 나를 인도하셔서 늘 새롭게 하여 주시기를 원합니다.
세상의 빛과 소금의 직분을 잘 감당하게 하여 주시기를 원합니다.
주님의 능력을 의지하여
죄에서 떠난 삶을 살게 하여 주시기를 원합니다.
주님의 권능을 의지하여
죄에서 떠난 삶을 살게 하여 주시기를 원합니다.
주님의 권세를 의지하여
죄에서 떠난 삶을 살게 하여 주시기를 원합니다.
날마다 주님과 동행하는 삶 속에서 주님이 주시는 은혜로
천국의 기쁨을 맛보게 하여 주시기를 원합니다.
주여! 나의 죄를 통감하오니
나의 죄를 아시는 주님께서 나의 죄를 용서하여 주시기를 원합니다.
늘 성령으로 충만하게 하여 주시고
늘 기쁨으로 충만하게 하여 주시고
늘 감사하며 살아가며 주 안에서
날마다 소망 속에 살게 하여 주시기를 원합니다.
죄악으로 인하여 더럽고 추악한 결과를 만들지 않게 하시고
성령의 열매를 맺으며 살게 하여 주시기를 원합니다.

주님의 은혜에 날마다 감사하며 살게 하여 주시기를 원합니다.
"대저 하나님께로서 난 자마다 세상을 이기느니라
세상을 이긴 이김은 이것이니 우리의 믿음이니라
예수께서 하나님의 아들이심을 믿는 자가 아니면
세상을 이기는 자가 누구뇨"(요한일서 5:4-5)
말씀처럼 주님을 믿고 세상을 이기게 하여 주시기를 원합니다.
주님이 이미 지옥을 정복하셨으니 추악하고 더러운 죄 속에서 벗어나
주님의 말씀을 교훈으로 새롭게 되어
사단의 궤휼에 미혹되거나
걸려 넘어지지 않게 하여 주시기를 원합니다.
죄악의 고통에서 벗어나는 것이 아니라
죄악을 용서받게 하여 주시기를 원합니다.
나의 죄악이 마음과 영혼을 주눅 들게 하오니
주여, 나의 모든 죄를 용서하여 주시기를 원합니다.
하나님으로부터 떠나게 하는 죄의 유혹으로부터
벗어나게 하여 주시기를 원합니다.
예수 그리스도의 피로 용서하여 주시기를 원합니다.
예수 그리스도의 이름으로 용서하여 주시기를 원합니다.
예수 그리스도 죽음이 나의 죄를 대속해 주셨음을 믿으니
주여! 나의 죄를 용서하여 주시기를 원합니다.
"너희가 진리를 순종함으로 너희 영혼을 깨끗하게 하여
거짓이 없이 형제를 사랑하기에 이르렀으니
마음으로 뜨겁게 피차 사랑하라"(베드로전서 1:22)

말씀처럼 순종함으로 사랑하며 살게 하여 주시기를 원합니다.
주님의 보혈과 이름으로 구원을 받아
늘 믿음의 훈련을 통하여 죄에서 떠난
진실한 성도의 삶을 살게 하여 주시기를 원합니다.
말씀과 성령 충만을 통하여 나의 십자가를 지고
주님을 따르게 하여 주시기를 원합니다.
항상 주님을 깊이 생각하며
주님과 동행하는 삶을 살게 하여 주시기를 원합니다.
주님의 말씀으로 강한 믿음을 가진 성도의 삶을
살아가게 하여 주소서.
나의 생명이 나의 태어나면서 저물 때까지
주님께서 인도하고 구원하여 주시기를 간절히 원합니다.
우리 주 예수 그리스도 이름으로 기도합니다. 아멘!

12
주일을 온전히 성수하지 못한 죄를 용서하소서!

예배와 찬양을 받으시기에 합당하신 주님!
주님의 날에 목소리 높여 찬양하며 온 마음과 정성으로
예배드리는 삶을 살게 하여 주시기를 원합니다.
주님의 날을 항상 기억하며 나를 구원하여 주신 주님께
준비된 마음으로 정성껏 예배드리게 하여 주시기를 원합니다.
주여! 거룩한 주일에 예배드리기 위하여
준비하게 하여 주시기를 원합니다.
주여! 거룩한 주일에 예배드리기 위하여
몸과 마음으로 준비하게 하여 주시기를 원합니다.
주여! 거룩한 주일에 예배드리기 위하여

헌금을 온전히 준비하게 하여 주시기를 원합니다.
"그는 실로 우리의 질고를 지고 우리의 슬픔을 당하였거늘
우리는 생각하기를 그는 징벌을 받아서 하나님에게 맞으며
고난을 당한다 하였노라
그가 찔림은 우리의 허물을 인함이요
그가 상함은 우리의 죄악을 인함이라
그가 징계를 받음으로 우리가 평화를 누리고
그가 채찍에 맞음으로 우리가 나음을 입었도다
우리는 다 양 같아서 그릇 행하여 각기 제 길로 갔거늘
여호와께서는 우리 무리의 죄악을
그에게 담당시키셨도다"(이사야 53:4-6)
말씀으로 우리의 죄악을 지신 주님께 감사드리며
주님의 인도하심을 받게 하여 주시기를 원합니다.
주여! 나의 죄를 용서하여 주시기를 원합니다.
주님께 드리는 예배가 얼마나 소중한지 깨닫지 못하여
주일을 온전히 성수하지 못함을 용서하여 주시기를 원합니다.
주일날 다른 일을 한 것을 용서하여 주시기를 원합니다.
주일날 개인적 업무를 행하느라 예배드리지 못함을
용서하여 주시기를 원합니다.
주일날 여행을 떠난 것을 용서하여 주시기를 원합니다.
주일날 피곤을 핑계를 예배드리지 못함을
용서하여 주시기를 원합니다.
주님의 날 거룩한 주일을 온전하게 예배드리지 못하고

온전히 성수하지 못하고 세상길로 나아가던 시절을
주님께 고백하오니 용서하여 주시기를 원합니다.
주님의 날을 마음대로 사용하고 헛되게 보낸 날이 많사오니
나의 죄를 주님의 보혈로 씻어주시기를 원합니다.
"저는 자기를 경외하는 자의 소원을 이루시며
또 저희 부르짖음을 들으사 구원하시리로다"(시편 145:19)
말씀처럼 주님을 경외하오니 구원하여 주시기를 원합니다.
주님께 예배드려야 할 시간들을 개인적인 용도로 사용하고
세상적인 일에 사용하면서 양심에 가책이 없고
돈을 버는 데 사용하고도 잘했다는 엉뚱한 생각으로
주님의 시간을 잘못 사용한 죄를 용서하여 주시기를 원합니다.
거룩한 주일을 예배와 찬양으로 주님께 영광 돌릴 수 있는
믿음을 주시기를 원합니다.
매사에 주의 나라와 의를 구하지 못하고
게으름과 나태함과 여러 가지 핑계로 주님의 날을
성도로서 제대로 지키지 못함을 용서하여 주시기를 원합니다.
주님께서 십자가에서 피 흘려 나의 모든 죄를 사하시고
천국에 초대하여 주셨으니 주님을 향하여 한 마음으로
찬양과 경배를 돌리는 삶을 살게 하여 주시기를 원합니다.
온전한 예배와 찬양으로 영광을 돌리는 것이
하나님의 자녀가 된 삶이 오니
참된 안식으로 인도하여 주시는
주님의 뜻대로 살게 하여 주시기를 원합니다.

예배 시간에 마음조차 제대로 준비하지 못하고
허둥거렸던 것들을 용서하여 주시기를 원합니다.
기도와 헌금도 형식적으로 드렸던 일들을 기억하시고
모두 다 용서하여 주시기를 원합니다.
"그들이 평온함으로 말미암아 기뻐하는 중에
여호와께서 그들이 바라는 항구로 인도하시는도다"(시편 107:30)
말씀처럼 기도하오니 주여,
소원의 항구로 인도하여 주시기를 원합니다.
주님의 피로 속죄 받은 성도의 삶을 살게 하여 주시기를 원합니다.
거룩한 주님의 몸과 마음을 받들어 예배드리게 하여 주시고
주님이 주시는 은혜와 축복을 감사하며 받게 하여 주시기를 원합니다.
주여! 나의 죄가 잡풀 같은 죄부터 큰 나무 같은 죄까지 있사오니
엎드려 회개하오니 주여 용서하여 주시기를 원합니다.
주여 예배를 방해한 죄가 있으면 용서하여 주시기를 원합니다.
주여 예배를 훼방한 죄가 있으면 용서하여 주시기를 원합니다.
주여 예배를 외면한 죄가 있으면 용서하여 주시기를 원합니다.
주여 예배를 방관한 죄가 있으면 용서하여 주시기를 원합니다.
주여 예배를 등한시한 죄가 있으면 용서하여 주시기를 원합니다.
"근신하라 깨어라 너희 대적 마귀가 우는 사자 같이
두루 다니며 삼킬 자를 찾나니
너희는 믿음을 굳게 하여 저를 대적하라
이는 세상에 있는 너희 형제들도
동일한 고난을 당하는 줄을 앎이니라"(베드로전서 5:8-9)

말씀처럼 근신하고 깨어 믿음을 갖게 하여 주시기를 원합니다.

예배드리는 사람들을 바라보며 흠을 보았거나

미워했거나 업신여겼거나 조롱했거나 깔본 죄가 있으면

회개하오니 용서하여 주시기를 원합니다.

예배드리며 주님을 기뻐하고

주님을 섬기는 일에 동행함에 감동하며

온전히 예배드리게 하여 주시기를 원합니다.

나의 모든 것 중에 모든 것이 되시는 주님께

찬양을 통하여 영광을 돌리게 하여 주시기를 원합니다.

주여! 어떤 일이 있더라도 어떤 상황 속에서도

늘 주님을 기뻐하며 예배드리게 하여 주시기를 원합니다.

주님! 기도할 때 진심으로 기도하지 못한 적이 너무나 많고

찬양할 때 형식으로 할 때가 많았습니다.

주님을 섬긴다고 하면서도 이익과 계산에 따라 행동했으니

주여, 나의 부족함을 용서하여 주시기를 원합니다.

주님이 인도하시는 길로 가지 않고

곁길로 빠져 지은 죄를 용서하여 주시기를 원합니다.

주님께 모든 것을 맡기니

은혜 가운데 살게 하여 주시기를 원합니다.

나의 선택과 행동의 잘못으로 지은 죄로 인해

심령에 고통이 찾아올 때

주님을 의지하며 회개함으로 죄를 끊게 하여 주시기를 원합니다.

죄를 부인하고 변명하고 회피하기보다

주님께 마땅히 회개하여 용서받게 하여 주시기를 원합니다.
"그러므로 우리는 긍휼하심을 받고
때를 따라 돕는 은혜를 얻기 위하여
은혜의 보좌 앞에 담대히 나아갈 것이니라"(히브리서 4:16)
말씀처럼 주님의 은혜를 사모하며
주님 앞에 담대하게 나아가게 하여 주시기를 원합니다.
나의 죄에 대한 주님의 채찍과 징계가 있을 때
원망하거나 마음이 상하지 않게 하여 주시고
겸손한 마음으로 주님을 바라보며
예배를 통해 회개하게 하여 주시기를 원합니다.
마음을 비우고 온전히 주님을 신뢰하고 믿으며
예배드리게 하여 주시기를 원합니다.
주님의 손을 붙잡고 나를 버리고
주님의 십자가의 인도하심 따라 살게 하여 주셔서
무능하고 나약한 삶이 아니라 강하고 담대한 믿음으로
성도의 삶을 살게 하여 주시기를 원합니다.
구원이 예수 그리스도로 통하여 이루어짐을 믿고
주님을 닮아가며 거룩한 삶을 살게 하여 주시기를 원합니다.
죄악이 소용돌이쳐서 나를 괴롭힐 때에도
주님의 이름으로 기도하고 예배하며 찬양하기를 원하오니
주여 회개를 받아주셔서 구원받게 하여 주시기를 원합니다.
"모이기를 폐하는 어떤 사람들의 습관과 같이 하지 말고
오직 권하여 그날이 가까움을 볼수록 더욱 그리하자"(히브리서 10:25)

주님 앞에 모여 예배드리기를 기뻐하게 하여 주시기를 원합니다.
주님이 기뻐하시는 예배를 드리게 하여 주시기를 원합니다.
기도할 때 사람의 생각으로 판단한 죄를
용서하여 주시기를 원합니다.
설교를 들으며 사람의 생각으로 판단한 죄를
용서하여 주시기를 원합니다.
내 영혼이 온전히 주님을 찬양하지 못한 죄를 용서하여 주시고
몸과 마음을 바쳐 주님께 예배드리게 하여 주시기를 원합니다.
헌금으로 드려야 할 것을 헛된 일에 사용한 일이 있으면
용서하여 주시기를 원합니다.
주님의 물질을 잘못 사용한 죄가 있으면
용서하여 주시기를 원합니다.
삶이 시절을 좇아 열매를 맺으며
예배를 통하여 주님께 영광을 돌리는
복된 성도의 삶을 살게 하여 주시기를 원합니다.
주님 앞에 예배드리는 시간에도 정결한 마음이 준비되지 못하고
화가 나 있던 날을 용서하여 주시고
주님 앞에 겸손히 예배드릴 수 없도록
감정을 다스리지 못한 죄를 용서하여 주시기를 원합니다.
사단의 유혹에 넘어가 지은 죄를 용서하여 주시기를 원합니다.
주님의 섭리를 의심하고 지은 죄를 용서하여 주시기를 원합니다.
사람의 정욕과 육욕으로 지은 죄를 용서하여 주시기를 원합니다.
주님 앞에 예배드릴 때 마음의 문을 온전히 열게 하여 주사

신령과 진정으로 예배드리게 하여 주시기를 원합니다.
성령 충만함을 받게 하여 주시기를 원합니다.
나의 삶에 희망을 주시고 기쁨을 주시고 보람을 주시고
감동을 주시는 주님께 감사를 드립니다.
나는 늘 주님께 소홀히 했는데 주님은 너무나 엄청난 은혜를 주시니
나의 모든 잘못과 허물의 용서를 구하오니 받아주시기를 원합니다.
우리 주 예수 그리스도 이름으로 기도합니다. 아멘!

13

시간을 잘못 사용한 죄를
용서하소서!

전능하시고 영원하신 주님!

삶이란 단 한 번뿐이고 반복이 없음을 알면서도

삶의 시간들을 잘못 사용한 죄를 용서하여 주시기를 원합니다.

한 목숨에 주어진 시간 속에서 열심히 사랑하고

땀 흘려야 함을 알면서도

게을리 살아 주님 앞에 잘못한 것들을 용서하여 주시기를 원합니다.

시간은 흘러가면 다시는 돌아올 수 없으니

주어진 삶의 시간 동안 최선을 다하여 결실이 있는

삶을 살게 하여 주시기를 원합니다.

심은 대로 거둔다고 하셨으니 열심히 심어 풍성한 결실로 주님께 영광을 돌리고 축복받는 삶을 살게 하소서.
"내가 이르기를 내 허물을 여호와께 자복하리라 하고
주께 내 죄를 아뢰고 내 죄악을 숨기지 아니하였더니
곧 주께서 내 죄의 악을 사하셨나이다(셀라)
이로 인하여 무릇 경건한 자는 주를 만날 기회를 타서
주께 기도할찌라 진실로 홍수가 범람할찌라도
저에게 미치지 못하리이다"(시편 32:5-6)
말씀처럼 나의 죄를 자복하오니 용서하여 주시기를 원합니다.
하루하루 살면서 죄를 짓는 데 사용한 시간이 있으면
하나하나 모두 다 주님께서 아시는 대로
씻어주시고 용서하여 주시기를 원합니다.
시간을 쓸데없이 허비하거나 낭비하여 소득이 없는 삶을 살아왔으면
용서하여 주시고 새롭게 변화시켜 주시기를 원합니다.
"너희는 여호와를 만날만한 때에 찾으라
가까이 계실 때에 그를 부르라
악인은 그 길을, 불의한 자는 그 생각을 버리고
여호와께로 돌아오라 그리하면 그가 긍휼히 여기시리라
우리 하나님께로 나아오라 그가 널리 용서하시리라"(이사야 55:6-7)
말씀처럼 하나님 찾고 회개하며
믿고 따르게 하여 주시기를 원합니다.
주님께서 허락하신 삶 동안 꿈을 이루어가게 하시고
결실이 있는 삶으로 열매를 맺게 하여 주시고
주님께 영광을 돌리게 하여 주시기를 원합니다.

열심을 내는 것과 급한 것은 차이가 있는데
늘 급하여 실수를 연발하고 이러저리 핑계로 모면하고
남에게 상처가 된 것을 용서하여 주시기를 원합니다.
삶의 짧은 시간 동안 죄를 지으며
지옥으로 가는 지름길로 달려가지 않게 하여 주시기를 원합니다.
삶의 시간 동안 사망의 외줄을 타듯이
불행한 삶을 살지 않게 하여 주시기를 원합니다.
늘 부지런하게 행동하여 올바른 결실을
맺게 하여 주시기를 원합니다.
늘 성실하게 살며 기도하는 시간을 만들게 하여 주시기를 원합니다.
주님께 간구함으로 나의 삶이 주님의 이름으로 구원받아
시간의 소중함을 마음 깊이 깨닫게 하여 주시기를 원합니다.
주님의 아주 작은 창조물에 불과한 나 자신을
주님의 권세 앞에 굴복시켜 의지하게 하셔서
성령의 인도하심 따라 살게 하여 주셔서
주님에게서 멀어져 삶의 시간을 함부로 사용하여 죄를 지었던
모든 것을 고하오니 용서하여 주시기를 원합니다.
나의 모든 것은 전적으로 주님의 은혜와 사랑이오니
천국에 갈 수 있도록 도와주시고 인도하여 주시기를 원합니다.
삶을 살아가는 동안에 하루도 빠짐없이 간절히 기도하여
나의 기도가 주님 앞에 다다르게 하여 주시기를 원합니다.
삶의 시간들을 헛되이 사용하지 않게 하시고
가치 있고 소중한 시간들로 만들게 하여 주시기를 원합니다.

나의 마음과 영혼을 죄악에서 떼어내 주시고
건져내어 주시고 갈라지게 하셔서 살아가는 동안
주님을 믿고 따르게 하여 주시기를 원합니다.
기도의 시간을 가져야만 응답받고 성령 충만함을 받으니
기도함으로 삶의 시간을 가치 있게 사용하게 하여 주시고
주님과 가까이 동행하는 삶을 살게 하여 주시기를 원합니다.
죄악의 짙은 어둠 속에서도 주님을 찾게 하여 주시고
죄악으로 인해 죽음의 고통이 오는 시간에도
생명의 주님을 만나게 하여 주시기를 원합니다.
주님의 은혜와 사랑에 감동하며 살게 하여 주시기를 원합니다.
"여호와여 주의 도를 내게 보이시고
주의 길을 내게 가르치소서
주의 진리로 나를 지도하시고 교훈하소서
주는 내 구원의 하나님이시니
내가 종일 주를 바라나이다"(시편 25:4-5)
말씀처럼 주님을 기다리니 주여 응답하여 주시기를 원합니다.
죄인들의 죄악을 용서하여 주시고
주님의 나라로 인도하심을 믿고
주님을 온전히 따르게 하여 주시기를 원합니다.
주님의 은혜와 용서를 풍성하게 받았으니
삶의 시간 동안에 주님께 의존하며 주 안에 거하며
주님을 따르며 살게 하여 주시기를 원합니다.
이 시간 나의 죄를 회개하며 주님께로 나아가오니

받아주시기를 원합니다.
삶의 시간들이 영원하지 않음을 깨닫게 하사
회개할 시간을 놓치지 않도록
성령께서 주장하여 주시기를 원합니다.
항상 믿음으로 기도하게 하여 주시고
용서받음을 확신하고 강건한 믿음을 갖게 하여 주셔서
주 안에서 순종하는 믿음을 갖게 하여 주시기를 원합니다.
나를 십자가의 사랑으로 구속하여 주셔서
나의 모든 죄악을 십자가의 보혈로 씻어주시고
용서하여 주심을 감사드립니다.
나는 부족하고 연약하고 미천하오나
주님을 믿고 찬양하오니 용서하여 주시기를 원합니다.
과거의 죄를 회개함으로 절망을 뛰어넘어
삶의 흐름이 바뀌게 하여 주시기를 원합니다.
삶이 아무리 바쁘더라도
한 걸음 물러서서 자신을 바라볼 수 있는
회개의 시간을 갖게 하여 주시기를 원합니다.
주여! 무의식 속에서 지은 죄를 용서하여 주시기를 원합니다.
주여! 잠결에 지은 죄를 용서하여 주시기를 원합니다.
주여! 의식을 제대로 갖고 있으면서도 지은
최악의 죄를 용서하여 주시기를 원합니다.
회개함으로 나의 삶 속에서
주님의 일이 시작되게 하여 주시기를 원합니다.

"우리 주 예수 그리스도의 하나님, 영광의 아버지께서
지혜와 계시의 정신을 너희에게 주사 하나님을 알게 하시고
너희 마음눈을 밝히사 그의 부르심의 소망이 무엇이며
성도 안에서 그 기업의 영광의 풍성이 무엇이며
그의 힘의 강력으로 역사하심을 따라
믿는 우리에게 베푸신 능력의 지극히 크심이
어떤 것을 너희로 알게 하시기를 구하노라"(에베소서 1:17-19)
주님의 은혜를 외면하고 죄를 더하던 날이 많았으니
죄 짓기를 즐기던 시간들을 용서하여 주시기를 원합니다.
생각과 행동을 잘못 사용하여 지은 죄로 인하여
고통이 찾아오고 절망이 다가올 때
나의 죄를 고백하고 위로받게 하여 주시기를 원합니다.
사람들과 다투고 불평하고 헐뜯은 것을 회개하오니
용서받게 하여 주시기를 원합니다.
잠이 들 때나 깰 때나 언제나 주님을 먼저 생각하고
기도할 수 있는 믿음을 주시고
주님의 은혜와 사랑을 의심하지 않게 하여 주시기를 원합니다.
사단이 주는 번민으로 고통스러울 때도
주여 성령으로 인도하여 주셔서
죄를 회개함으로 평안을 찾게 하여 주시기를 원합니다.
주님의 진리와 말씀을 깨우쳐 알게 하사
죄인을 향한 주님의 뜨거운 열정의 사랑을 믿고
죄를 회개함으로 용서받게 하여 주시기를 원합니다.

심판의 날에 모든 것이 다 드러날 터이니
지금 이 시간 회개하여 심판받지 않고 천국에 들어갈 수 있도록
인도하여 주시기를 원합니다.
죄와 사망의 권세에 억눌렸을 때에
부족한 종을 불쌍히 여기셔서
주님의 은혜로 영혼을 새롭게 소생시켜 주시기를 원합니다.
나의 심령을 가난하게 하여 주셔서
주님의 은혜와 사랑에 감동하게 하여 주시기를 원합니다.
죄를 회개함으로 가슴을 누르는 근심과 걱정이
사라지게 하여 주시기를 원합니다.
죄악 때문에 근심이 태풍처럼 밀려와도 허둥대거나 당황하지 말고
주님이 지켜주심을 믿고 기도하게 하여 주시기를 원합니다.
주님의 은혜를 믿사오니 내가 범한 죄에서 구원하여 주셔서
나의 모든 삶을 주님께 맡기게 하여 주시기를 원합니다.
"너희 속에 착한 일을 시작하신 이가
그리스도 예수의 날까지 이루실 줄을
우리가 확신하노라"(빌립보서 1:6)
말씀대로 이루어지기를 간절하게 원합니다.
주님께서 부족한 자의 기도를 들어주시고
감싸주심을 믿사오니 인도하여 주시기를 원합니다.
주님의 품에 품어주사 능력과 권능의 팔로
붙잡아주시기를 원합니다.
"자기 허물을 능히 깨달을 자 누구리요

나를 숨은 허물에서 벗어나게 하소서
또 주의 종으로 고범죄를 짓지 말게 하사
그 죄가 나를 주장치 못하게 하소서
그리하시면 내가 정직하여 큰 죄과에서 벗어나겠나이다
나의 반석이시요 나의 구속자이신 여호와여
내 입의 말과 마음의 묵상이 주의 앞에
열납되기를 원하나이다"(시편 19:12-14)
말씀처럼 나의 기도를 주님께서 들어주사
응답하여 주시기를 원합니다.
나 자신이 이 땅에서 누리고 가진 모든 것이
주님께서 주신 것이오니 일평생 살아가는 동안
항상 주님께 감사하며 나의 허물과 죄악을
날마다 시간마다 용서받게 하여 주시기를 원합니다.
하루하루의 삶을 소중하게 살게 하시고
후회하지 않는 삶을 살게 하여 주시기를 원합니다.
내가 죄를 즐겨하던 날이 있었다면
주여, 미천한 자가 용서를 구하오니 받아주시기를 원합니다.
이 세상 것을 다 얻어도 지옥에 떨어진다면
그 거짓된 화려함이 무슨 가치가 있겠습니까.
세상의 모든 것을 다 가져도 영생이 아니라 영벌이라면
가장 불쌍하고 불행한 삶이오니 주님께서 인도하여 주셔서
회개하오니 용서하여 주시기를 원합니다.
삶을 살아가는 시간 동안에 주님과 동행하며

성령의 열매를 맺으며 살게 하여 주시기를 원합니다.
나의 삶 속에서 시간을 가치 있게 사용할 수 있는
믿음을 주시기를 원합니다.
천국에 들어가는 지름길이 주님의 구원임을 깨달아 회개하오니
천국에 들어가게 하여 주시기를 원합니다.
주님께서 주신 삶 동안 무엇을 해야 하는지를
분명하고 명확하게 깨달아 주님께 영광과 찬양을 돌리는
삶을 살게 하여 주시기를 원합니다.
우리 주 예수 그리스도 이름으로 기도합니다. 아멘!

어둠이 신비해지는 날은

주여!
어둠이 신비해지는 날은
유혹이 더 강렬하오니
이겨낼 수 있도록 성령으로 인도하소서!

네온사인 불빛의 흔들림처럼
영혼조차 갈 길을 잃고
흔들릴 때에도
주님의 보혈로 씻어주사
가야 할 생명의 길을 가게 하소서!

어둠의 색깔이 짙어지는 만큼
욕망도 짙어지지만
빛을 잃은 어둠이 깊어질수록
우리 믿음 또한 깊어짐을 알게 하소서!

어둠 속에서는 온갖 죄를 짓고서도
웃는 자들이 많고
정의로운 이보다 비열한 자들이
활보하는 시간들이 많지만
깨어 기도하며 주님의 자녀답게 살게 하소서!

흐르지 못하는 강은 강이 아니듯
어둠 속에 걷혀 있는 것은
죄악뿐이오니 빛의 자녀답게 살게 하소서!

-용혜원-

14
말로 지은 죄를 용서하소서!

말씀의 근원이 되시는 주님!
생명의 말씀을 허락하여 주사
삶 속에서 마음껏 표현할 수 있는 능력 주심을 감사드립니다.
지금까지 살아오면서 말로 지은 죄를 용서하여 주시고
주님을 부인하거나 능력을 믿지 못하는 표현을 한 죄를
사하여 주시기를 원합니다.
남에게 욕설을 퍼붓고 함부로 비난하고 험담한 죄를
용서하여 주시기를 원합니다.
독한 말로 상처를 입히고 괴롭히고 고통스럽게 만든 죄를
용서하여 주시기를 원합니다.

"너희는 귀를 기울이고 내게 나아와 들으라
그리하면 너희 영혼이 살리라
내가 너희에게 영원한 언약을 세우리니
곧 다윗에게 허락한 확실한 은혜니라"(이사야 55:3)
말씀처럼 하나님의 말씀에 귀를 기울이고
따르게 하여 주시기를 원합니다.
주님의 은혜가 늘 풍족함에도 불구하고 욕심이 가득하여
분노하고 저주한 죄를 용서하여 주시기를 원합니다.
나의 지금의 모습으로는 도저히 구원받을 수 없으니
주님의 은혜로 변화되게 하여 주시기를 원합니다.
무심코 던진 말에 상처를 입은 사람이 있으면
위로해 주시고 감싸주시고 치유하여 주시기를 원합니다.
"두루 다니며 한담하는 자는 남의 비밀을 누설하나
마음이 신실한 자는 그런 것을 숨기느니라"(잠언 11:13)
말씀처럼 마음이 신실하여 말에 실수가 없게 하여 주시기를 원합니다.
나의 말로 남을 모함하지 않게 하여 주시기를 원합니다.
나의 말로 남을 시험하지 않게 하여 주시기를 원합니다.
나의 말로 남을 미워하지 않게 하여 주시기를 원합니다.
나의 말로 남을 괴롭히지 않게 하여 주시기를 원합니다.
나의 말로 남을 이간하지 않게 하여 주시기를 원합니다.
나의 말로 남을 시기하지 않게 하여 주시기를 원합니다.
무거운 죄의 짐으로 시달리는 삶에서 벗어나
나의 영혼이 주님의 구원을 받아

길이요 진리요 생명이신 주님의 길을 가게 하여 주시기를 원합니다.
주님이 주시는 기쁨과 사랑과 희락을 누리며
늘 감사와 찬양으로 주님께 보답할 수 있는
믿음을 주시기를 원합니다.
나의 영혼과 혈관 속에 주님의 보혈의 피가 흐르게 하사
언어가 새롭게 변화되게 하여 주시기를 원합니다.
의심이 부정한 말을 만들어내니 믿고 신뢰할 수 있는
믿음에 믿음을 더하여 주시기를 원합니다.
주여! 나의 마음을 어둠 속에서 건져내 주셔서
말을 통하여 죄짓는 일이 없도록 인도하여 주시기를 원합니다.
사단이 마음을 흔들어놓아 험담과 거짓으로
죄 짓는 일이 없도록 인도하여 주시기를 원합니다.
"시험에 들지 않게 깨어 있어 기도하라
마음에는 원이로되 육신이 약하도다 하시고"(마태복음 26:41)
말씀처럼 늘 깨어 기도함으로 죄에서 떠나
주님의 은혜 안에 살게 하여 주시기를 원합니다.
내가 사는 동안 늘 주님의 돌보심 속에
눈길과 입술과 발길을 지켜주시기를 원합니다.
세상의 유혹에 휘둘려 입술로 죄를 짓지 않게 하여 주시고
주님과 영적인 교제를 함으로 순결한 마음을 되찾고
선하고 복된 말을 하게 하여 주시기를 원합니다.
나의 입술로 말하는 언어들이 주님의 말씀으로 인하여
정결하게 표현되게 하여 주시기를 원합니다.

"선한 말은 꿀송이 같아서
마음에 달고 뼈에 양약이 되느니라"(잠언 16:24)
말씀처럼 선한 말을 하며 살게 하여 주시기를 원합니다.
주님께서 주시는 그 은혜를 생각하며
항상 기쁨 속에 친절한 말을 할 수 있도록
성령께서 인도하여 주시기를 원합니다.
삶 속에서 최후에 찾아오는 것은 죽음이나
죄인에게는 그보다 더한 영벌이 기다리고 있으니
죄악의 한숨을 던져버리고 입술로 영원한 주님을 고백하고
시인하고 전하게 하여 주시기를 원합니다.
"우리가 시작할 때에 확실한 것을 끝까지 견고히 잡으면
그리스도와 함께 참예한 자가 되리라"(히브리서 3:14)
말씀처럼 끝까지 주님과 동행하는 삶을 살게 하여 주시기를 원합니다.
칼보다 예리한 언어로 고통을 주고 상처를 준 죄를
용서하여 주시기를 원합니다.
"여호와의 손이 짧아 구원치 못하심도 아니요
귀가 둔하여 듣지 못하심도 아니라
오직 너희 죄악이 너희와 너희 하나님 사이를 내었고
너희 죄가 그 얼굴을 가리워서 너희를 듣지 않으시게 함이니
이는 너희 손이 피에, 너희 손가락이 죄악에 더러웠으며
너희 입술은 거짓을 말하며 너희 혀는 악독을 발함이라"
(이사야 59:1-3)
말씀처럼 하나님의 구원을 믿고 죄악에서 떠날 수 있도록

용서하여 주시기를 원합니다.
죄의 짐 때문에 끙끙대지 않게 하여 주시고
어두운 언어로 살지 않고 밝은 언어로 행복하게 하소서.
말로 지은 불순종한 모든 죄를 용서하여 주시기를 원합니다.
말로 죄를 짓기보다 주님을 시인하고
고백하며 전하는 입술이 되게 하여 주시기를 원합니다.
주님을 찬양하는 입술이 되기를 원합니다.
주님께 감사하는 입술이 되기를 원합니다.
주님께 영광과 찬송을 돌리는 정결한 입술이 되기를 원합니다.
상상 속의 주님이 아니라
나의 삶에 늘 함께하시는 주님이 되게 하여 주시기를 원합니다.
죄인인 나를 영접하여 주시고
인도하심을 받게 하여 주시기를 원합니다.
늘 회개할 수 있는 시간과 언어가 가득한데도
이유와 핑계를 일삼은 죄를 용서하여 주시기를 원합니다.
"허물을 덮어 주는 자는 사랑을 구하는 자요
그것을 거듭 말하는 자는 친한 벗을 이간하는 자니라"(잠언 17:9)
말씀처럼 허물을 덮어주는 삶을 살게 하여 주시기를 원합니다.
주여, 회개할 수 있도록 순수한 마음과
회개할 수 있는 말들을 허락하여 주셔서
때 묻지 않고 정결한 마음으로 한 점의 거짓도 없이 회개하여
용서받게 하여 주시기를 원합니다.
나의 공로는 하나도 없어 구원받을 수 없으니

주님의 공로로 구원하여 주시기를 원합니다.
"주께서 생명의 길로 내게 보이시리니
주의 앞에는 기쁨이 충만하고
주의 우편에는 영원한 즐거움이 있나이다"(시편 16:11)
말씀처럼 생명의 길로 나아가 날마다 주 안에서
기쁨이 충만한 삶을 살게 하여 주시기를 원합니다.
주여!
주님의 은혜로 진실하게 말하며 살게 하여 주시기를 원합니다.
주님의 은혜로 사랑을 말하며 살게 하여 주시기를 원합니다.
주님의 은혜로 정을 말하며 살게 하여 주시기를 원합니다.
주님의 은혜로 따뜻한 말을 전하며 살게 하여 주시기를 원합니다.
때때로 내가 지은 죄가 생각나 두려움에 떨며 회개하오니
주여 용서하여 주시기를 원합니다.
"혀는 곧 불이요 불의의 세계라
혀는 우리 지체 중에서 온 몸을 더럽히고
생의 바퀴를 불사르나니
그 사르는 것이 지옥불에서 나느니라"(야고보서 3:6)
말씀처럼 입술을 지켜 정결한 삶을 살게 하여 주시기를 원합니다.
죄로 인하여 나의 영혼이 훼손되고 상처를 입었사오니
주여 회복시켜 주시기를 원합니다.
나의 한계를 아시는 주님께 입술로 고백하여
용서받게 하여 주시기를 원합니다.
"그러하나 진리의 성령이 오시면

그가 너희를 모든 진리 가운데로 인도하시리니
그가 자의로 말하지 않고 오직 듣는 것을 말하시며
장래 일을 너희에게 알리시리라"(요한복음 16:13)
말씀처럼 성령께서 인도하여 주시기를 원합니다.
주님이 주신 생명의 언어로
날마다 주님의 말씀을 깊이 묵상하며
축복된 삶을 살게 하여 주시기를 원합니다.
우리 주 예수 그리스도 이름으로 기도합니다. 아멘!

15
전도하지 못한 죄를 용서하소서!

전능하신 주님!
주님의 복음이 온 땅에 충만하고
땅 끝까지 복음이 전해져야 함을 믿사오니
나의 부족함을 용서하여 주시기를 원합니다.
나 자신의 일은 최선을 다하면서도
주님의 복음을 전하는 전도의 일을 소홀히 행함을
용서하여 주시기를 원합니다.
복음이 한 생명 한 생명에게 전해질 때마다 주의 나라가 확장되오니
주여, 전도할 수 있는 영적인 힘이 강하고 담대해지도록
큰 은혜를 내려주시기를 원합니다.

천국을 소망한다고 하면서도
이 지상의 성공만을 먼저 바라고 원했던 일들을
용서하여 주시기를 원합니다.
천하보다 귀한 영혼에 복음을 전하기보다
나의 일에 먼저 발길을 돌린 죄를 용서하여 주시기를 원합니다.
"오직 성령이 너희에게 임하시면 너희가 권능을 받고
예루살렘과 온 유대와 사마리아와 땅끝까지 이르러
내 증인이 되리라 하시니라"(사도행전 1:8)
말씀대로 복음의 증인으로 주님의 말씀을 전하며
살게 하여 주시기를 원합니다.
가장 먼저 주님의 나라와 그 의를 구하지 못하고
쓸데없는 일로 분주하게 살며 세상 속에 빠졌던 죄를
용서하여 주시기를 원합니다.
주님이 주시는 참기쁨과 참평안에 감사하지 못하고
세상이 주는 물질과 쾌락에 도취되어
복음의 기쁨을 온전히 전하지도 누리지도 못함을
용서하여 주시기를 원합니다.
"예수께서 나아와 일러 가라사대
하늘과 땅의 모든 권세를 내게 주셨으니
그러므로 너희는 가서 모든 족속으로 제자를 삼아
아버지와 아들과 성령의 이름으로 세례를 주고
내가 너희에게 분부한 모든 것을 가르쳐 지키게 하라
볼찌어다 내가 세상 끝날까지

너희와 항상 함께 있으리라 하시니라"(마태복음 28:18-20)
주님께서 허락하신 사명을 온전히 감당하지 못하고
늘 부족하여 온전히 행하지 못한 죄를 용서하여 주시기를 원합니다.
세상의 것은 결국 모두 다 놓아야 할 것임을 알면서도
눈앞에 보이는 것들을 소유하고 싶어
힘과 열정을 쏟았던 일들을 용서하여 주시기를 원합니다.
주여! 주님의 일에 더욱더 동참하고 동행할 수 있는
믿음과 능력을 주시기를 원합니다.
주님의 복음을 전하는 기쁨과 감동을 누리게 하여 주시기를 원합니다.
사람들이 복음을 통하여 새 생명을 얻고 구원을 받을 때마다
주님이 주시는 은혜와 축복을 누리게 하여 주시기를 원합니다.
주님의 복음으로 하나님의 행복으로
행복한 삶을 살게 하여 주시기를 원합니다.
주님의 복음이 내 마음과 영혼에 강물처럼 흘러
복음을 전하지 않고서는 견딜 수 없는
믿음에 믿음을 주시기를 원합니다.
세상 사람들이 죄악과 향락에 빠져
지옥의 불구덩이로 달려가는 것을 알면서도
구원의 기쁜 소식을 전하지 못했음을 통회 자복하오니
용서하여 주시고 인도하여 주시기를 원합니다.
주님의 복음을 주님의 뜻대로 전할 수 있는
강한 믿음과 담대함을 주시기를 원합니다.
주님의 복음을 전할 때 거절당하고 모욕을 당할지라도

끝까지 전하게 하여 주시고
갖가지 시련과 역경이 다가와도
성령 충만함으로 이겨내게 하여 주시기를 원합니다.
주님의 피로 이루어진 복음에
나부터 먼저 깊은 믿음을 갖게 하여 주시고
복음을 생활 속에서 온전히 체험하여
체험적인 신앙을 전하게 하여 주시기를 원합니다.
주님의 피로 이루어진 생명의 복음에
나부터 먼저 깊은 믿음을 갖게 하여 주시고
생명을 말씀을 있는 그대로 전하게 하여 주시기를 원합니다.
복음을 보다 깊이 깨닫게 하여 주시고
복음의 핵심은 구원이오니 구원의 기쁜 소식을
예수 그리스도의 이름으로 전하게 하여 주시기를 원합니다.
이 지상의 삶에 여유를 갖고 산다 하여도
잠깐의 삶일 뿐임을 깨닫고 영원한 천국을 소망하며
영생복락을 누리는 기쁨에 동참하여
영생을 누리게 하여 주시기를 원합니다.
주님이 허락하신 시간을 잘 활용하여
주님의 복음을 힘 있게 전하게 하여 주시기를 원합니다.
전 세계 곳곳에서 복음을 전하는
목회자들과 선교사들을 기억하여 주시고
그들에게 복음을 전할 수 있는 건강과
성령의 충만함을 주시기를 원합니다.

전 세계 모든 나라와 민족들이
날마다 구원받는 사람의 수가 늘어나고
복음이 땅 끝까지 전하여지게 하여 주시기를 원합니다.
세계 곳곳에 있는 교회를 기억하여 주사
모든 교회가 복음과 은혜가 충만하게 하여 주시고
선교사들을 돕는 선교단체들을 기억하여 주사
그들에게 필요한 것이 채워지게 하여 주시기를 원합니다.
말씀과 은혜를 전하는 복음방송을 인도하여 주시고
각 선교단체와 선교사들을 인도하여 주시기를 원합니다.
주님의 역사로 온 세계가 복음화가 되는 날이
속히 오게 하여 주시기를 원합니다.
세계 곳곳에서 말씀의 능력이 나타나
병자가 치유받게 하여 주시고
병든 영혼들이 새롭게 구원받게 하여 주시기를 원합니다.
교회마다 성령과 주님의 은혜와 사랑이 충만하게 하여 주시고
모든 그리스도인들이 주님의 이름을 부르며
복음을 전하게 하여 주시기를 원합니다.
"구원의 투구와 성령의 검 곧 하나님의 말씀을 가지라
모든 기도와 간구로 하되 무시로 성령 안에서 기도하고
이를 위하여 깨어 구하기를 항상 힘쓰며
여러 성도를 위하여 구하고
또 나를 위하여 구할 것은 내게 말씀을 주사
나로 입을 벌려 복음의 비밀을 담대히 알리게 하옵소서 할 것이니

이 일을 위하여 내가 쇠사슬에 매인 사신이 된 것은
나로 이 일에 당연히 할 말을
담대히 하게 하려 하심이니라"(에베소서 6:17-20)
말씀처럼 늘 기도하며 복음 증거에 앞장서게 하여 주시기를 원합니다.
주님이 주인이신 교회에서 마치 제 자신이 주인인 양
행사한 죄가 있으면 용서하여 주시기를 원합니다.
주님의 복음이 온 세상에 가득하여
주님만이 홀로 영광 받으시기를 원합니다.
주님의 복음을 받아 천국에 가는 영혼들이
날마다 늘어나게 하여 주시기를 원합니다.
주님의 복음을 전하는 꿈을 더 갖게 하여 주시고
주님의 복음을 전하는 희망을 더 갖게 하여 주시고
주님의 복음을 전하는 믿음을 더 갖게 하여 주시기를 원합니다.
"너희 속에 착한 일을 시작하신 이가
그리스도 예수의 날까지 이루실 줄을 우리가 확신하노라
내가 너희 무리를 위하여 이와 같이 생각하는 것이 마땅하니
이는 너희가 내 마음에 있음이며
나의 매임과 복음을 변명함과 확정함에
너희가 다 나와 함께 은혜에 참예한 자가 됨이라
내가 예수 그리스도의 심장으로 너희 무리를 어떻게 사모하는지
하나님이 내 증인이시니라
내가 기도하노라 너희 사랑을 지식과 모든 총명으로
점점 더 풍성하게 하사

너희로 지극히 선한 것을 분별하며 또 진실하여

허물 없이 그리스도의 날까지 이르고

예수 그리스도로 말미암아 의의 열매가 가득하여

하나님의 영광과 찬송이 되게 하시기를 구하노라"(빌립보서 1:6-11)

말씀처럼 복음을 전함으로써

하나님의 영광과 찬송이 되게 하여 주시기를 원합니다.

내가 원하는 것들만 가지려고

몸과 마음을 다하지 말게 하여 주시고

주님의 일에 몸과 마음과 영혼을 드릴 수 있는

생명의 믿음을 주시기를 원합니다.

우리 주 예수 그리스도 이름으로 기도드립니다. 아멘!

16
용서하지 못한 죄를
용서하소서!

우리의 모든 죄를 용서하여 주시는 주님!
주님께서는 나의 죄 때문에
십자가에 못 박혀 피 흘려 구속해 주셨는데
나 자신은 남의 허물을 들춰내고 용서하지 못하였으니
이 죄를 용서하여 주시기를 원합니다.
"하나님이 세상을 이처럼 사랑하사 독생자를 주셨으니
이는 저를 믿는 자마다 멸망치 않고
영생을 얻게 하려 하심이니라"(요한복음 3:16)
말씀을 믿고 사랑하며 살게 하여 주시기를 원합니다.
남의 실수와 잘못을 이해하지 못하고

사랑을 베풀지 못하고 지적하고 모함한 죄를
용서하여 주시기를 원합니다.
나의 연약하고 부족함을 늘 채워주시는 주님께 항상 감사하며
사랑과 이해의 마음을 날마다 넓혀 나가게 하여 주시기를 원합니다.
주님! 삶의 고비마다 마음이 악하게 변질되지 않게 하여 주시고
주님의 은혜로 겸손하고 부드러운 성품으로
살게 하여 주시기를 원합니다.
주님께서는 모든 것을 다 사하여 주셨는데
사소하고 작은 것들을 용서하지 못하고 이해하지 못하는
좁쌀 같은 마음을 버리게 하여 주시고
크고 담대한 마음을 갖게 하여 주시기를 원합니다.
남을 미워하는 마음은 삶에 큰 장해물이 되오니
모두 버려서 흔적도 남지 않게 하여 주시기를 원합니다.
사단이 나의 마음을 조롱하여도
늘 주 안에서 복음의 기쁨과 평안을 누리며
살게 하여 주시기를 원합니다.
모든 죄악은 다른 사람을 미워하는 데서 시작되오니
풍성한 사랑의 마음을 허락하여 주시기를 원합니다.
"우리가 우리에게 죄 지은 자를 사하여 준것 같이
우리 죄를 사하여 주옵시고"(마태복음 6:12)
말씀처럼 우리가 우리에게 죄 지은 자를 용서하여 준 것 같이
우리의 죄를 사하시고 용서하여 주시기를 원합니다.
주여, 우리를 시험에 들지 않게 하여 주셔서

우리로 인하여 실족하는 사람이 없게 하여 주시기를 원합니다.
나의 모든 삶을 주님의 은혜로 살았으니
어떠한 경우라도 용서하지 못하는
나약함에 빠지지 않게 하여 주시기를 원합니다.
서로 나누고, 보살피고, 감사하고,
봉사하는 마음으로 살게 하여 주시기를 원합니다.
교만하게 머리를 세우고 남의 단점만을 지적하는
부정적인 마음이 아니라 장점을 먼저 발견하는
긍정적인 마음으로 살게 하여 주시기를 원합니다.
올바른 믿음과 마음으로 살게 하여 주시고
늘 정직하게 살게 하여 주시기를 원합니다.
사람들에게 웃음과 행복을 나누어줄 수 있는
마음의 여유를 주시기를 원합니다.
정직하고 순수한 마음을 주시기를 원합니다.
언제나 모든 것을 긍정적으로 바라볼 수 있는
온유하고 겸손한 마음을 주시기를 원합니다.
사람들을 함부로 대하는 악하고 못된 마음을 제거하여 주시고
따뜻한 가슴을 허락하여 주시기를 원합니다.
나 중심으로 사람들을 바라보는 것이 아니라
주님께서 몸소 보여주신 사랑의 마음으로
사람들을 바라볼 수 있는 믿음을 주시기를 원합니다.
모든 일을 사랑과 배려로 시작하게 하여 주시고
아주 작은 것이라도 나의 생각과 고집으로 평가한

죄를 용서하여 주시기를 원합니다.
"야베스가 이스라엘 하나님께 아뢰어 가로되
원컨대 주께서 내게 복에 복을 더 하사
나의 지경을 넓히시고 주의 손으로 나를 도우사
나로 환난을 벗어나 근심이 없게 하옵소서 하였더니
하나님이 그 구하는 것을 허락하셨더라"(역대상 4:10)
말씀처럼 야베스의 기도를 들어주신 하나님께서
나의 기도를 들어주시기를 원합니다.
항상 성령의 인도하심으로 살게 하여 주시고
죄짓는 삶이 아니라 주님께 영광과 찬양을 드리는
성도의 삶을 살게 하여 주시기를 원합니다.
죄를 사하여 주시는 주님께 용서받은 자가 용서할 수 없으면
성도가 아니니 주님께서 용서할 수 있는 마음을 주사
늘 용서하며 살게 하여 주시기를 원합니다.
용서하지 못함도 욕심과 아집에서 시작되오니
주님께서 넓은 마음을 주시기를 원합니다.
주님의 온유하고 겸손한 마음을 닮게 하여 주시기를 원합니다.
빈 들에 마른 풀 같은 심령에 은혜를 주사
늘 충만함으로 주님의 사랑을 실천하며 살게 하여 주시기를 원합니다.
주님께서는 모든 것을 용서하여 주셨는데
나 자신이 남을 용서하지 못하면 잘못된 믿음이오니
주여 용서하게 하여 주시기를 원합니다.
십자가에 나의 죄악으로 인하여 주님께서 달리시고

피를 쏟아주사 용서하여 주셨으니
주님의 은혜와 사랑에 감사하며 살게 하여 주시기를 원합니다.
주여 인도하여 주시기를 원합니다.
내 마음을 정결하게 하여 주시기를 원합니다.
늘 머리 숙여 기도하며
나의 마음을 주님께 온전히 맡기게 하여 주시기를 원합니다.
즐거울 때나 고통스러울 때나 주님을 섬기게 하시고
어려울 때 주님을 원망하거나
다른 사람을 탓하지 않게 하여 주시기를 원합니다.
주님께서 항상 기억하사 용서의 마음을 주시고
늘 주님과 동행하며 살게 하여 주시기를 원합니다.
우리 주 예수 그리스도 이름으로 기도합니다. 아멘!

17
직분을 남용한 죄를 용서하소서!

권능의 주님!
주님께서 허락하신 직분을 믿음 부족으로
바르게 행하지 못함을 용서하여 주시기를 원합니다.
주님이 주신 직분을 온갖 편법으로
잘못 행함을 용서하여 주시기를 원합니다.
나의 직분을 하나님의 영광을 나타내기 위하여 쓰지 못하고
세상의 명예와 권세를 얻기 위해 사용한 것을
용서하여 주시기를 원합니다.
"내가 문이니 누구든지 나로 말미암아 들어가면
구원을 얻고 또는 들어가며 나오며 꼴을 얻으리라

도적이 오는 것은 도적질하고 죽이고 멸망시키려는 것뿐이요
내가 온 것은 양으로 생명을 얻게 하고
더 풍성히 얻게 하려는 것이라
나는 선한 목자라 선한 목자는 양들을 위하여 목숨을 버리거니와
삯군은 목자도 아니요 양도 제 양이 아니라
이리가 오는 것을 보면 양을 버리고 달아나나니
이리가 양을 늑탈하고 또 해치느니라"(요한복음 10:9-12)
삯꾼처럼 행한 죄를 용서하여 주시기를 원합니다.
주님과 교회와 성도를 온전히 섬기지 못하고
분란시킨 죄악을 용서하여 주시기를 원합니다.
교회의 직분보다 세상의 감투를 즐기고 좋아한 죄를
용서하여 주시기를 원합니다.
주님의 뜻을 이루기보다는 나의 이름을 세상에 알리기 위하여
주님의 말씀대로 살지 못함을 용서하여 주시기를 원합니다.
주님의 이름을 빙자하여 사람의 이름을 드러낸 죄를
용서하여 주시기를 원합니다.
죄인을 부르러 오신 주님!
내가 바로 그 죄인이오니 용서하여 주시기를 원합니다.
주님의 이름으로 구원받지 못함이 최고의 슬픔이며
아픔인 것을 망각하고 살아온 죄를 용서하여 주시기를 원합니다.
주님을 위한 물질을 잘못 사용한 죄를 용서하여 주시기를 원합니다.
성도들을 반목시키고 이간시키고 상처를 준 죄를
용서하여 주시기를 원합니다.

세상의 칭송과 박수만을 원했던 죄악을
용서하여 주시기를 원합니다.
주님께서 기름 부으신 직분을 남용하거나 강요한 죄가 있으면
낱낱이 기억하사 모든 죄악을 용서하여 주시어
천국을 소망하며 살게 하여 주시기를 원합니다.
주님의 복음을 변질시켜 전한 죄를 용서하여 주시고
주님의 복음을 세상적인 언어로 전한 죄를
용서하여 주시기를 원합니다.
주님의 말씀의 진리를 온전히 깨닫지 못하고
성령의 감동 없이 전한 죄를 용서하여 주시기를 원합니다.
주님이 주신 직분을 복음을 전하는 데 쓰기보다
사리사욕을 위하여 사용한 죄를 용서하여 주시기를 원합니다.
나 자신을 온전히 돌아보게 하사
나의 모든 죄를 고백해 용서받게 하시고
죄악의 올무에서 벗어나게 하여 주시기를 원합니다.
"너희는 떠날찌어다 떠날찌어다
거기서 나오고 부정한 것을 만지지 말찌어다
그 가운데서 나올찌어다
여호와의 기구를 메는 자여 스스로 정결케 할찌어다"(이사야 52:11)
말씀처럼 죄악에서 떠나 정결한 삶을 살게 하여 주시기를 원합니다.
교회를 분열시키고 주님의 영광을 가린 죄를
용서하여 주시기를 원합니다.
주님의 구원의 말씀을 온전히 전하지 못하고

나 자신만을 드러낸 죄를 용서하여 주시기를 원합니다.
성경 읽기를 게을리하고 기도 시간을 줄이고
말씀을 온전히 깨닫지 못함을 용서하여 주시기를 원합니다.
"우리에게 주신 은혜대로 받은 은사가 각각 다르니
혹 예언이면 믿음의 분수대로, 혹 섬기는 일이면 섬기는 일로,
혹 가르치는 자면 가르치는 일로, 혹 권위하는 자면 권위하는 일로,
구제하는 자는 성실함으로, 다스리는 자는 부지런함으로,
긍휼을 베푸는 자는 즐거움으로 할 것이니라"(로마서 12:6-8)
우리가 맡은 직분을 잘 감당하게 하여 주시기를 원합니다.
교회 안에서 영웅이 되기를 원하고
세상의 빛과 소금이 되지 못함을 용서하여 주시기를 원합니다.
나의 십자가를 제대로 감당하지 못하고
주님을 따르지 못하고
세상 명예와 감투를 좋아하며 따라다닌 것을
부끄럽게 여기고 회개하오니 용서하여 주시기를 원합니다.
믿고 기도함으로 나의 죄를 용서하여 주시기를 원합니다.
개인적 영리를 추구하며 살아온 죄를 용서하여 주시기를 원합니다.
늘 주님의 성찬을 먹고 마시면서도
주님의 사랑을 온전히 깨닫지 못하고
직분을 함부로 사용했던 모든 죄를 용서하여 주시기를 원합니다.
물질을 놓고 서로의 이익을 위하여 싸운 죄를
용서하여 주시기를 원합니다.
성도들을 주님의 이름으로 섬기지 못한 죄를

용서하여 주시기를 원합니다.
주님의 보혈로 죄악을 이기고 자유함을 얻기를 원하오니
주님께서 인도하여 주시기를 원합니다.
주님께서 십자가에서 흘린 피로 모든 죄를 용서받기를 원합니다.
주님이 주신 직분을 잘못 사용하여
주님의 이름을 욕되게 한 것을 용서하여 주시고
주님의 이름으로 구원받게 하여 주시기를 원합니다.
주님을 십자가에 못 박은 죄인은 바로 나 자신이오니
이 흉악무도한 죄를 용서하여 주시기를 원합니다.
언제나 가족과 이웃과 성도들을 먼저 생각하고
그들을 위하여 주님의 이름으로 기도하게 하여 주시기를 원합니다.
속죄받고 구원받았다고 늘 말하면서도 확신하지 못한 죄를
용서하여 주시기를 원합니다.
사는 동안 만난 사람들에게 아주 작은 것이라도 상처 준 일이 있으면
주님은 아시니 모두 다 감싸주시고 용서하여 주시기를 원합니다.
교회를 더욱더 사랑하며
교회와 성도들을 위하여 기도하게 하여 주시기를 원합니다.
주님의 말씀을 탐구할 때 자신을 들여다보게 하여 주시고
어떤 환난과 역경 속에서도 주님을 부인하거나
주님을 떠나는 죄를 짓지 않게 하여 주시기를 원합니다.
회개의 기도를 드릴 때마다 주님의 말씀을 온전히 적용하여
순수한 마음으로 기도드리게 하여 주시기를 원합니다.
주님의 말씀을 이해할 수 있는 마음을 주시고

주님의 말씀을 삶에 적용하여
주님의 사랑을 받는 성도의 삶을 살게 하여 주시기를 원합니다.
나의 회개 기도에 응답하여 주사
하나님의 확실한 은혜를 받게 하여 주시기를 원합니다.
회개하지 않으면 천국에 들어갈 수 없다고 하셨으니
주님께서 사랑의 마음으로 인도하여 주시기를 원합니다.
목회자의 죄를 용서하여 주시기를 원합니다.
성령의 인도하심보다 인기에 영합하고
하늘에 소망을 두기보다 지상의 기쁨만을 강조하고 전하는 죄를
용서하여 주시기를 원합니다.
주님을 전하기보다 자신을 전한 죄를 용서하여 주시기를 원합니다.
생명의 말씀을 온전히 전하지 못함을 용서하여 주시기를 원합니다.
세상의 여러 가지 직분을 자랑으로 여기며
이름 내기를 좋아한 죄를 용서하여 주시기를 원합니다.
주님께서 맡기신 양 떼들을 생명의 꼴로 먹이지 못하고
목회에 최선을 다하지 못함을 용서하여 주시기를 원합니다.
주님을 바라보기보다는 세상을 바라보며 산 죄를
용서하여 주시기를 원합니다.
주님과 교회와 성도들을 개인의 지위와 영화를 위하여
부정하게 쓴 죄를 용서하여 주시기를 원합니다.
학교의 교사들에게 지혜와 사랑을 주셔서
교육을 잘 감당할 수 있도록 인도하여 주시기를 원합니다.
교사들에게 건강을 주시고

그들의 가정이 화목하게 하여 주시기를 원합니다.
아이들의 맑은 눈망울 속에 꿈과 희망을 가득 품고
주님만을 바라보게 하여 주시기를 원합니다.
아이들의 밝은 얼굴에 항상 웃음꽃이 활짝 피게 하사
예수 그리스도를 닮게 하여 주시기를 원합니다.
아이들의 순결한 마음을 지켜주사
예수 그리스도의 말씀을 담게 하여 주시기를 원합니다.
아이들의 깨끗한 손을 잡아주사
예수 그리스도의 섬김을 닮게 하여 주시기를 원합니다.
아이들의 발길을 주님께로 이끄사
예수 그리스도의 발자취를 따르게 하여 주시기를 원합니다.
예수 그리스도의 사랑과 은총이 가득하게 하여 주시기를 원합니다.
주님이 주신 직분은 성직인데
사람의 생각과 행동으로 세상의 직분처럼 사용한 것이 있으면
주님께서 내 마음을 인도하셔서
주님의 뜻과 사랑을 기억하며
주님의 뜻을 따르게 하여 주시기를 원합니다.
우리 주 예수 그리스도 이름으로 기도합니다. 아멘!

증오가 가득해질 때

눈에 보이지 않는 시퍼런 칼날이
인정사정 볼 것 없이
찌르고 들어와 괴롭힐 때에도
용서할 수 있는 믿음을 주시기를 원합니다.

가슴이 검게 타면서
서러움의 피가 함께 뱉어지고
툭툭 던지는 말 한마디 한마디가
온도의 끝을 알 수 없을 정도로
싸늘하고 차가울 때도
온유하고 따뜻한 마음으로 섬기게 하소서!

허튼소리 허튼수작으로 구접스럽게
꽉 막혀버렸던 하수구가 터지고
온갖 오물 덩어리와 욕설이 쏟아져도
겸손하게 무릎을 꿇게 하소서!

잔꾀를 부리는 자들에게
언어의 뭇매질을 당하고
우스개 취급과 업신여김을 당하여도
주님의 이름으로 용서하게 하소서!

억울함을 당하면 가슴에 독이 생기는 법
진한 독이 모든 핏줄마다 스며들어
심장 속까지 파고들고
뇌수까지 흘러가도록 내버려두지 마시고
주님의 이름으로 용서하게 하소서!

-용혜원-

18
아주 사소하게 생각한 죄를 용서하소서!

사랑의 주님!
모든 것을 낱낱이 기억하시고
우리의 모든 것을 하나도 남김없이 다 기록하시는 주님
나의 죄를 용서하여 주시고 구원하여 주시기를 원합니다.
아주 작게 생각하고 사소하게 취급한 작은 죄를
용서하여 주시기를 원합니다.
"너희는 여호와를 만날만한 때에 찾으라
가까이 계실 때에 그를 부르라
악인은 그 길을, 불의한 자는 그 생각을 버리고
여호와께로 돌아오라

그리하면 그가 긍휼히 여기시리라

우리 하나님께로 나아오라 그가 널리 용서하시리라"(이사야 55:6-7)

말씀처럼 하나님을 찾고 회개를 통하여 돌아가기를 원하오니

나의 기도를 들으사 응답하여 주시기를 원합니다.

교통 신호를 제대로 지키지 않은 죄를 용서하여 주시기를 원합니다.

차례를 기다리다 슬쩍 새치기한 죄를 용서하여 주시기를 원합니다.

작은 물건들을 장난 삼아 훔친 죄를 용서하여 주시기를 원합니다.

갖가지 이유를 대며 부모님에게 잘못된 돈을 요구한 죄를

용서하여 주시기를 원합니다.

아무리 부인하고 변명하여도 한 번 저지른 죄는

절대로 감춰지지 않고 사라지지 않으니

주님께서 용서하여 주시기를 원합니다.

나의 생각과 기억 속에서 사라진 아주 작은 죄까지도

모두 다 용서하여 주시기를 원합니다.

"하나님의 뜻대로 하는 근심은

후회할 것이 없는 구원에 이르게 하는 회개를 이루는 것이요

세상 근심은 사망을 이루는 것이니라"(고린도후서 7:10)

말씀처럼 쓸데없는 근심을 하지 말고

하나님의 뜻대로 회개하게 하여 주시기를 원합니다.

사람의 인생이란 워낙 부족하고 실수가 많으니

주님께서 인도하여 주시고 사랑하여 주시기를 원합니다.

남의 책을 빌려와 갖다 주지 않은 실수도

용서하여 주시기를 원합니다.

타인의 것이 무엇이든지 돌려주지 않은 것이 있으면
주님께서 나의 죄를 하나도 남김없이 용서하여 주시기를 원합니다.
물건 값을 제대로 치르지 않았거나
거스름돈을 많이 받았는데 돌려주지 않았던 일이 있으면
다 용서하여 주시기를 원합니다.
남을 툭툭 치고 때리면서도 장난이라고 했던 것을
용서하여 주시기를 원합니다.
약속을 하고서 일부러 지키지 않은 것을
용서하여 주시기를 원합니다.
이유 없이 남에게 시비를 걸었던 일이 있으면
용서하여 주시기를 원합니다.
암표를 구했던 일들을 용서하여 주시기를 원합니다.
책임을 다할 수 있었는데도 여러 가지 핑계와 이유를 대며
회피했던 죄를 용서하여 주시기를 원합니다.
일하기기가 싫어 거짓말하고 꾀병을 부린 죄를
용서하여 주시기를 원합니다.
음식점에서 일하는 사람들을 함부로 대한 죄를
용서하여 주시기를 원합니다.
주님께서 허락하신 일용할 양식을 감사히 받지 못하고
식탐을 부리거나 음식 투정을 부린 죄를
용서하여 주시기를 원합니다.
주님이 함께하시지 않으면 지옥에 가야 할 가냘픈 목숨이오니
주님께서 나의 모든 죄를 용서하여 주시기를 원합니다.

부모님을 온전히 섬기지 못하고
가족들에게 사소한 것으로 화를 낸 것이 있으면
용서하여 주시기를 원합니다.
나만 생각하며 이웃에게 무리한 요구를 하거나
운전할 때 욕을 하고 화를 낸 것도 용서하여 주시기를 원합니다.
여행 중에 아주 작은 것이라도
다른 사람들에게 실례가 있었다면
모두 다 용서하여 주시기를 원합니다.
성경책을 함부로 다룬 것을 용서하여 주시고
주님을 이름을 함부로 불렀던 것을 용서하여 주시기를 원합니다.
주님, 알고 보면 부족하고 죄뿐이오니
주님의 십자가 보혈로 씻어주셔서 구원받게 하여 주시기를 원합니다.
죄를 알면서도 지은 죄를 용서하여 주시고
죄를 죄로 인정하지 않았던 잘못을 용서하여 주시기를 원합니다.
"하나님이여 나의 근심하는 소리를 들으시고
원수의 두려움에서 나의 생명을 보존하소서"(시편 64:1)
말씀처럼 죄악이 나를 괴롭힐 때 회개하오니
응답하여 주시기를 원합니다.
아주 작은 일이나 작은 말이나 작은 물건이라도
욕심 내어 죄를 지은 것이 있으면 주님은 아시오니
모두 다 용서하여 주시기를 원합니다.
그리스도인임을 제대로 말하지 못한 적이 있으면
용서하여 주시기를 원합니다.

당당하게 전도하지 못하고 당당하게 기도하지 못하고
당당하게 예수 그리스도를 나타내지 못한 죄를
용서하여 주시기를 원합니다.
오직 예수 그리스도를 신뢰하며 따르는 믿음으로
살게 하여 주시기를 원합니다.
운동경기를 보거나 영화를 보거나 드라마를 보면서
나의 마음에 안 든다고 참여한 이들을 향해 함부로 말한 죄를
용서하여 주시기를 원합니다.
물건을 사면서 지나치게 깎거나
무리하게 덤을 요구한 것이 있으면
잘못을 용서하여 주시기를 원합니다.
천지 만물을 창조하시고 섭리하는 주님께서
우리를 이 땅에 태어날 수 있는 축복을 주시고
십자가의 사랑으로 구원하여 주셨으니
우리의 모든 죄를 용서하여 주시고
천국으로 인도하여 주시기를 원합니다.
나를 힘들게 하는 모든 것은 나의 잘못으로 인하여 만들어졌으니
주여, 나의 죄를 용서하여 주시기를 원합니다.
죄를 진실로 깨닫지 못한 마음을 불쌍히 여겨주셔서
죄를 멀리하게 하여 주시기를 원합니다.
죄가 나를 미혹하고 유혹할 때
그들의 손길에서 벗어나게 하여 주시고
죄가 나를 지배하지 못하도록

주님께서 성령으로 인도하여 주시기를 원합니다.
늘 방황하고 번민하는 삶을 용서하여 주시기를 원합니다.
죄를 경계하지 못하면 사망이 찾아오는 것을 깨닫지 못하고
비열하게 살아온 죄를 용서하여 주시기를 원합니다.
순간순간 죄악을 즐기며 기뻐하던 못된 나를
용서하여 주시기를 원합니다.
날마다 주님께 헌신하고 순종할 수 있는
굳은 믿음을 주시기를 원합니다.
나의 몸과 영혼으로 온전히 주님을 사랑하며
살게 하여 주시기를 원합니다.
나의 말과 나의 혀를 죄악에서 건져주시기를 원합니다.
우리 주 예수 그리스도 이름으로 기도합니다. 아멘!

19
안일하게 살아온 죄를 용서하소서!

구주가 되시는 주님!
이 세상의 행복이 전부인 줄 착각하여
안일하게 살아온 죄를 용서하여 주시기를 원합니다.
죄악의 질병인 게으름과 나태함과 안일함에 빠져
생활한 죄를 용서하여 주시기를 원합니다.
편안하게 생활하는 것만을 원하고
주님의 십자가의 고통을 잊고 살아온 죄를
용서하여 주시기를 원합니다.
죄악의 불순물이 나의 영혼에 차오르지 않게 하여 주시고
주님의 십자가의 보혈로 씻어주시기를 원합니다.

"사무엘이 가로되 여호와께서 번제와 다른 제사를
그 목소리 순종하는 것을 좋아하심 같이 좋아하시겠나이까
순종이 제사보다 낫고 듣는 것이
수양의 기름보다 나으니"(사무엘상 15:22)
말씀처럼 순종이 제사보다 낫다고 하셨으니
주님의 말씀에 순종하며 살아가는 주님의 믿음 있는
자녀가 되게 하여 주시기를 원합니다.
주님의 겟세마네 동산의 기도의 의미를 헤아리지 못하고
기도를 하여도 늘 중언부언한 죄를 용서하여 주시기를 원합니다.
믿음의 목표도 없이 순간순간을 즐기며 살았던 죄를 용서하여 주시고
주님의 말씀으로 깨달아 성도의 삶을 온전히 살아갈 수 있는
믿음에 믿음을 주시기를 원합니다.
열심히 기도하지 못하고, 열심히 성경을 읽지 못하고,
열심히 전도하지 못하고, 열심히 주의 일에 동참하지 못한 죄를
용서하여 주시기를 원합니다.
주님 일을 건성으로 흉내 내듯 한 것이 많사오니
나의 모든 행동과 말을 용서하여 주시기를 원합니다.
살아갈수록 주님과 친밀하게 동행하며
주님의 품안에서 살게 하여 주시기를 원합니다.
나의 죄를 온전히 고백하여 주님 앞에서 진정으로
회개할 수 있게 하여 주시기를 원합니다.
믿음으로 날마다 새로운 인생을 살아가야 함에도
나 자신을 위하여 믿음을 변질시키고

주님의 이름을 도용한 죄를 용서하여 주시기를 원합니다.
예수 그리스도가 중심이 아니라
늘 나를 우선으로, 나를 중심으로 살아온 죄를
용서하여 주시기를 원합니다.
주여! 쓸데없는 일에 매달려 살지 않고
늘 깨어 기도하고 말씀을 실천하는
참다운 그리스도인의 삶을 살게 하여 주시기를 원합니다.
주님의 구원이 최고의 사랑인 줄 깨닫지 못하고
어둠 속의 죄악의 길을 가기를 원했던 것을
세속적인 사랑을 좇고 원했던 것들을
용서하여 주시기를 원합니다.
주님의 길을 따라 믿음의 삶을 살게 하여 주시기를 원합니다.
죄악이 주는 절망에서 벗어나
예수 그리스도께서 주시는 소망 속에
세상의 빛과 소금이 되어 살게 하여 주시기를 원합니다.
믿음이 날로 성장하여
주님을 바라보며 살게 하여 주시기를 원합니다.
세상적인 괴로움과 고독에 눈을 돌리지 않게 하여 주시고
늘 주님께로 가까이 가려는 굳건한 믿음의 열정을
갖게 하여 주시기를 원합니다.
죄악은 죽음과 지옥의 불덩이를 끌어당길 뿐이오니
주님을 영혼과 육체로 사모하며
주님과 동행하는 삶을 살게 하여 주시기를 원합니다.

모든 죄를 용서하시는 주님께서
늘 부족하고 주님을 위하여 한 것이 없는
초라한 나의 모습을 받아주시고
항상 구원의 길로 인도하여 주시기를 원합니다.
주님, 나의 믿음과 심신이 나약하여
죄를 회개하는 기도를 온전히 드리지 못하였으나
영원히 타오르는 지옥불에 들어가는 최대의 불행이
일어나지 않게 하여 주시기를 원합니다.
내가 지은 죄를 회개하는 일을 포기하거나
서투르게 적당히 넘겨버리려는 어리석은 행동을
하지 않게 하여 주시기를 원합니다.
나의 구세주이신 주님 앞에
나의 모든 것을 의탁하며 살게 하여 주시기를 원합니다.
죄악 가운데 살아가면 행동할수록 죄를 짓게 되오니
주님께서 인도하여 주시기를 원합니다.
"여호와께서는 자기에게 간구하는 모든 자
곧 진실하게 간구하는 모든 자에게 가까이 하시는도다
저는 자기를 경외하는 자의 소원을 이루시며
또 저희 부르짖음을 들으사 구원하시리로다"(시편 145:18-19)
말씀처럼 간구하는 회개의 기도를 들어주시기를 원합니다.
죄악 가운데 살면 지식에 지식이 더해질수록
더욱 지능적으로 죄를 짓게 되오니
주님께서 나의 삶을 인도하여 주시기를 원합니다.

나약한 삶 속에서 안일하게 살지 않고
늘 깨어 기도하며 살게 하여 주시기를 원합니다.
영적으로 깨어 있어 늘 주님을 사모하며
살게 하여 주시기를 원합니다.
주님께서 부족한 종의 마음을 붙잡아주셔서
모든 죄악을 용서하여 주시기를 원하오니 받아주시기를 원합니다.
회개의 기도를 순간의 감정에 매달려 하지 않게 하시고
오직 성령의 인도하심으로 기도하여
용서받게 하여 주시기를 원합니다.
하나님을 온전히 신뢰함으로 온전한 믿음으로
주님을 섬기며 따르게 하여 주시기를 원합니다.
주님께서 주신 첫 믿음의 감동을 회복하여
머리에서 발끝까지 온몸에 죄악이 가득할 때
주여 나를 건져주시고 구원하여 주시기를 원합니다.
천지만물을 창조하시고 섭리하시는 하나님이심을 알면서도
나약한 믿음으로 눈앞에 보이지 않는다고
불신한 죄를 용서하여 주시기를 원합니다.
"너희는 유혹의 욕심을 따라 썩어져 가는 구습을 좇는
옛 사람을 벗어 버리고 오직 심령으로 새롭게 되어
하나님을 따라 의와 진리의 거룩함으로 지으심을 받은
새 사람을 입으라"(에베소서 4:22-24)
옛 사람을 벗어 던지고
주님의 은혜로 새 사람이 되게 하여 주시기를 원합니다.

주님이 주시는 진리의 자유함을 깨닫지 못하고
무질서하게 살아온 죄를 용서하여 주시기를 원합니다.
남이 잘못할 때는 야유를 보내고 질타하면서도
자신의 잘못을 깨닫지 못한
못된 습관을 용서하여 주시기를 원합니다.
나의 심장이 뛰는 것과 나의 피가 돌고
내가 살아가는 것 모두가 하나님의 은총임이 깨닫게 하셔서
온전히 하나님을 찬양하게 하여 주시기를 원합니다.
생명을 허락하시고 또 거두시는 주님께서
인도하여 주시기를 원합니다.
주님의 구원의 사랑을 미친 듯이 사모하며
주님께 달려갈 수 있는 믿음을 주시기를 원합니다.
"여호와여 나는 곤고하고 궁핍하오니
귀를 기울여 내게 응답하소서
나는 경건하오니 내 영혼을 보존하소서
내 주 하나님이여 주를 의지하는 종을 구원하소서
주여 나를 긍휼히 여기소서
내가 종일 주께 부르짖나이다"(시편 86:1-3)
말씀처럼 주여 내가 회개하오니 응답하여 주시기를 원합니다.
나의 모든 것이 죄악이오니 주여 용서하여 주시고
구원하여 주시기를 원합니다.
주님이 주시는 기쁨을 누리며 살게 하여 주시기를 원합니다.
늘 주님과 동행하는 삶을 살게 하여 주시기를 원합니다.

결국 죽음을 맞이하게 될 삶인 줄 알면서도
알지 못하는 어리석음을 용서하여 주시기를 원합니다.
우리 주 예수 그리스도 이름으로 기도합니다. 아멘!

20
낙태한 죄를 용서하여 주소서!

용서의 주님!
하나님의 주신 생명을 낙태한 죄를 용서하여 주시기를 원합니다.
주님이 주신 자녀를 천하보다 귀한 생명을
자신의 삶을 위하여 낙태한 죄를 용서하여 주시기를 원합니다.
낙태한 생명을 불쌍히 여겨주시고
그 영혼을 구원하여 주시기를 원합니다.
하나님이 주신 생명을 기쁨으로 받아들이지 못한
천하의 못된 죄를 용서하여 주시기를 간절히 원합니다.
하나님의 손길이 떠나면 땅을 치고 후회하고
가슴을 치며 몸부림쳐도 소용이 없으니

주여! 나의 잔혹한 죄를 용서하여 주시기를 원합니다.
하나님께서 허락하여 주신 자녀들을 사랑하며
건강히 자라도록 보살피게 하여 주시기를 원합니다.
"여호와여 일어나소서
나의 하나님이여 나를 구원하소서
주께서 나의 모든 원수의 뺨을 치시며
악인의 이를 꺾으셨나이다
구원은 여호와께 있사오니
주의 복을 주의 백성에게 내리소서(셀라)"(시편 3:7-8)
주여! 나의 죄가 극악하고 더럽고 추한 줄 아오니
용서하여 주시기를 원합니다.
죄악의 먹구름이 심령에 가득해
한 아이의 생명을 처참하게 빼앗았으니
주여, 용서하여 주시기를 원합니다.
자식을 버린 죄가 온 삶을 흔들고
시시때때로 생각나 내 영혼을 죄악으로 가득 채울 때
주여, 나의 죄를 용서하여 주시기를 원합니다.
사랑의 주님! 내가 범한 극악무도한 죄를 회개하오니
용서하여 주시기를 원합니다.
사는 것도 죽는 것도 오직 주님의 뜻임을 깨닫사오니
주님의 뜻대로 인도하여 주셔서 죄악의 압박감에서
해방되게 하여 주시기를 원합니다.
나의 못된 죄를 회개함으로

희망과 용기와 비전을 갖고 살아가게 하여 주셔서
주님을 온전히 섬기게 하여 주시기를 원합니다.
주님께서 인도하심을 전적으로 믿지 못하고
짧은 생각과 악한 마음으로 한 생명을 버렸으니
이 크나큰 죄를 용서하여 주시기를 원합니다.
내 목숨의 소중함을 알면서도
아직 태어나지 못한 어린 생명의 소중함을 깨닫지 못하고
어리석게 범한 죄를 용서하여 주시기를 원합니다.
나의 눈이 주님의 섭리를 바라보게 하여 주시고
나의 귀가 주님의 말씀을 듣게 하여 주시고
나의 마음이 성령의 인도하심 따라 열리게 하여 주시고
나의 삶이 주님의 섭리를 따라 주님의 발길을
따르게 하여 주시기를 원합니다.
시간이 흐를수록 죽음이 가까워 오고 있으니
나의 죄를 용서하여 주시기를 원합니다.
나는 죄인이오니 주여,
마음을 잡아 회개하게 하셔서 하나님께로 나아가
나의 마음과 영혼이 새롭게 변화되게 하여 주시기를 원합니다.
"사랑하는 자들아 우리가 지금은 하나님의 자녀라
장래에 어떻게 될 것은 아직 나타나지 아니하였으나
그가 나타내심이 되면 우리가 그와 같을 줄을 아는 것은
그의 계신 그대로 볼 것을 인함이니
주를 향하여 이 소망을 가진 자마다

그의 깨끗하심과 같이
자기를 깨끗하게 하느니라"(요한일서 3:2-3)
말씀처럼 주님을 소망하며
모든 죄에서 깨끗함을 받게 하여 주시기를 원합니다.
의사들이 낙태를 남발하는 일이 없게 하여 주시고
모든 생명을 귀하게 여기게 하여 주시기를 원합니다.
모든 가정이 자녀들과 함께 서로 사랑하며
살게 하여 주시기를 원합니다.
"그러나 여호와께서 기다리시나니
이는 너희에게 은혜를 베풀려 하심이요
일어나시리니 이는 너희를 긍휼히 여기려 하심이라
대저 여호와는 공의의 하나님이심이라
무릇 그를 기다리는 자는 복이 있도다"(이사야 30:18)
말씀처럼 주님의 은혜를 기다리며 회개의 기도를 드리오니
주님께서 들으시고 응답하여 주시기를 원합니다.
주여! 하나님 앞에 모든 죄를 고백하고 회개하오니
나의 모든 죄악을 용서하여 주시기를 원합니다.
하나님의 인자하심과 긍휼을 베풀어주시기를 원합니다.
낙태한 죄를 용서받고 마음이 회복되어
가정과 가족을 더욱더 사랑하며
주님과의 교제가 회복되기를 원합니다.
죄를 회개함으로 주님이 은혜를 주셔서
속사람이 새롭게 변화되게 하여 주시고

주님을 아는 지식이 날마다 높아지기를 원합니다.
하나님이 주신 은혜와 지혜로 죄악에서 떠나
주님의 뜻을 나타내고 복음을 전하는 기쁨의 사람
성도의 삶을 살게 하여 주시기를 원합니다.
내가 웃을 때 다른 사람들이
우는 일이 없게 하여 주시기를 원합니다.
내가 기뻐할 때 다른 사람들이
슬퍼하는 일이 없게 하여 주시기를 원합니다.
내가 위로받을 때 다른 사람들이
괴로움을 당하는 일이 없게 하여 주시기를 원합니다.
내가 행복할 때 다른 사람들이
불행을 당하는 일이 없게 하여 주시기를 원합니다.
주여, 나를 일으켜 세워주시기를 원합니다.
"내 이름으로 일컫는 내 백성이 그 악한 길에서 떠나
스스로 겸비하고 기도하여 내 얼굴을 구하면
내가 하늘에서 듣고 그 죄를 사하고 그 땅을 고칠찌라"(역대하 7:14)
말씀처럼 회개의 기도를 들으사 용서하여 주시기를 원합니다.
주님의 은혜로 부드럽고 온유한 마음을
갖게 하여 주시기를 원합니다.
주님의 용서를 받을 수 있다면 빈손이 되어도 좋으니
주님의 은혜로 구원받게 하여 주시기를 원합니다.
나의 죄악을 보면 슬프지만 주님을 바라보면 기쁨이오니
회개하여 용서받게 하여 주시기를 원합니다.

주여! 흐르는 강물처럼 주님께로 흘러가
천국에 이르게 하여 주시기를 원합니다.
우리 주 예수 그리스도 이름으로 기도합니다. 아멘!

21
병든 이들을 위하여 기도하지 못한 죄를 용서하소서!

우리의 치료자가 되시는 주님!
세상의 병든 이들을 위하여 기도하지 못함을
용서하여 주시기를 원합니다.
모든 병은 죄로부터 시작되는 것을 아오니
주여! 모든 죄를 용서하여 주셔서
죄에서 행방되고 온갖 병마에서 해방되게 하여 주시기를 원합니다.
이 세상에는 수많은 병마에 시달리는 사람들이
많고 많으니 그들을 불쌍히 여겨주시기를 원합니다.
의술에 임하는 이들의 능력을 키워주셔서
이 땅의 모든 병든 이들이 치료받게 하여 주시고

주님의 손길로 어루만져 치유받게 하여 주시기를 원합니다.
"이러므로 너희 죄를 서로 고하며
병 낫기를 위하여 서로 기도하라
의인의 간구는 역사하는 힘이 많으니라"(야고보서 5:16)
말씀처럼 자기의 죄를 고백하고 회개함으로
병 낫기를 기도하며 응답받게 하여 주시기를 원합니다.
온갖 질병에 걸려 힘들어 하는 주님의 자녀들을
기억하여 주시기를 원합니다.
힘이 쇠약하고 마음이 나약해진 자녀에게 힘을 주시고
능력을 주시기를 원합니다.
아픔과 고통에서 일어나게 하여 주시기를 원합니다.
나의 몸을 병들게 한 나의 욕심을 용서하여 주시기를 원합니다.
나의 몸을 병들게 한 나의 욕망을 용서하여 주시기를 원합니다.
나의 몸을 병들게 한 나의 나태를 용서하여 주시기를 원합니다.
주님의 손길로 인도하여 주시고
건강이 날마다 회복되게 하여 주시기를 원합니다.
몸이 병들고 나약할 때 더욱더 주님을 믿고
기도하게 하여 주시기를 원합니다.
"오직 믿음으로 구하고 조금도 의심하지 말라
의심하는 자는 마치 바람에 밀려 요동하는 바다 물결 같으니
이런 사람은 무엇이든지 주께 얻기를 생각하지 말라
두 마음을 품어 모든 일에 정함이 없는 자로다"(야고보서 1:6-8)
말씀처럼 오직 한 마음으로 기도하여

응답받게 하여 주시기를 원합니다.
주님께서 자녀의 마음을 강하고 담대하게 하여 주사
아픔과 고통의 시련을 통하여
주님의 사랑을 더 깊이 깨닫게 하여 주기를 원합니다.
환자를 보살피는 가족들을 기억하여 주사
그들이 건강을 지킬 수 있도록 믿음과 사랑을 주시기를 원합니다.
모든 병원과 의사와 간호사들이 마음과 정성을 다하여
환자들을 치료할 수 있는 열정을 주시고
늘 웃으며 환자들을 대할 수 있는
마음의 여유를 주시기를 원합니다.
각종 질병을 치료하기 위하여 연구하는 이들에게
지혜와 총명을 주셔서 그들로 인하여
치료받는 사람들이 많아지게 하여 주시기를 원합니다.
병에도 원인과 이유가 있으니 환자들에게 깨우쳐 주셔서
그들이 질고에서 벗어날 수 있도록
힘과 용기를 주시기를 원합니다.
"주여 사람의 사는 것이 이에 있고
내 심령의 생명도 온전히 거기 있사오니
원컨대 나를 치료하시며 나를 살려주옵소서"(이사야 38:16)
병들고 아픈 이들이 하나님께 간절히 매달려
치유받고 구원을 받게 하여 주시기를 원합니다.
병원과 의사들이 돈 벌기에만 급급하지 않게 하시고
모든 환자들을 잘 치료할 수 있도록

지혜와 능력을 허락하여 주시기를 원합니다.
제약 회사들을 인도하여 주셔서
이기적인 욕심에 매달리지 않게 하시고
좋은 약들을 저렴한 가격으로 공급하여
많은 사람들이 치료받을 수 있도록 하여 주시기를 원합니다.
노인 요양 시설을 운영하고 종사하는 이들에게도
사랑의 마음을 주셔서 노인들을 잘 간호하고
치료할 수 있도록 인도하여 주시기를 원합니다.
장애인들을 보호하고 돌보는 이들에게도
사랑의 마음을 주사 어느 때든지 한결같이
잘 보살피게 하여 주시기를 원합니다.
주님을 의지하며 기도하게 하여 주시기를 원합니다.
오직 성령의 능력으로 함께하여 주시고
말씀을 의지하며 살게 하여 주시기를 원합니다.
주님의 손길이 미치면 완치될 줄 믿사오니
이 시간 주님께서 환부를 어루만져주시기를 원합니다.
치료하시는 의사 선생님과 간호사들에게도 함께하여 주시고
간병하는 모든 가족들에게도
건강으로 함께하여 주시기를 원합니다.
전지전능하신 주님!
나약하고 병든 이들을 위하여 기도하지 못하고
도와주지 못한 죄를 용서하여 주시기를 원합니다.
나의 건강함에 감사드리며

병든 사람들을 위하여 기도하게 하여 주시기를 원합니다.
지금 이 시간에도 갖가지 질병으로 병상에 있는 사람들과
그들을 치료하고 돌보는 이들을 기억하여 주사
그들의 몸과 마음과 성품을 어루만져주시기를 원합니다.
또한 운명의 시간을 기다리는 사람들에게는
주님을 영접하고 회개할 시간을 허락하여 주셔서
이 땅에서 힘들고 아프게 살았던 기억은 잊고
천국에 가서 평안히 쉴 수 있는
영생복락을 누릴 수 있는 기회를 주시기를 원합니다.
병든 사람들과 그 가족들을 현혹하여 사기를 치거나
못된 상술을 펴는 사람들도 있사오니
그들의 병든 마음을 치유하여 주시기를 원합니다.
그들의 잘못된 삶의 방법들이 변화되게 하여 주시기를 원합니다.
병들고 아플수록 주님을 전적으로 의지하게 하여 주시고
치료자이신 주님께 영육이 치료받게 하여 주시기를 원합니다.
이 시간 주님의 이름으로 간절히 기도하오니
병들어 고통받고 있는 주님의 자녀들을 기억하여 주옵소서.
몸에 병이 들면 마음이 나약해지오니
주님께서 강건하게 붙잡아주시고 오직 믿음으로
주님만을 의지하며 살게 하여 주시기를 원합니다.
"수고하고 무거운 짐진 자들아 다 내게로 오라
내가 너희를 쉬게 하리라"(마태복음 11:28)
말씀처럼 주님을 의지하고 기도함으로

모든 짐을 내려놓게 하여 주시기를 원합니다.
병상에서도 늘 기도와 말씀으로 영적인 무장을 하여
강하고 담대하게 병마를 물리치게 하여 주사
건강을 회복할 수 있기를 원합니다.
병든 이들의 마음에 평안을 주시기를 원합니다.
병든 이들의 마음이 치유될 것을 확신합니다.
병든 이들이 주님을 믿고 기도할 수 있는
믿음에 믿음을 주시기를 원합니다.
병든 이들에게 죄악이 있으면 회개할 수 있는
믿음을 주시기를 원합니다.
병든 이들이 모든 것을 주님께 의탁할 수 있는
믿음을 주시기를 원합니다.
만인의 치료자가 되시는 주님께서
병든 자의 머리 위에 손을 얹으셔서
사랑으로 치료하여 주시기를 간절히 원합니다.
병든 이들의 몸과 마음을 건강하게 회복시켜 주시고
복음을 통하여 영혼도 구원받을 수 있도록 인도하여 주옵소서.
"아무데나 예수께서 들어가시는 마을이나 도시나 촌에서
병자를 시장에 두고 예수의 옷가에라도 손을 대게 하시기를
간구하니 손을 대는 자는 다 성함을 얻으니라"(마가복음 6:56)
말씀처럼 주님을 만나는 이들이 모두 다
치유받게 하여 주시기를 원합니다.
모든 죄를 회개하고 용서받아

병마가 하나도 없는 천국에 들어갈 수 있도록
인도하여 주시기를 원합니다.
주님께서 언제나 동행하여 주시기를 원합니다.
우리 주 예수 그리스도의 이름으로 기도합니다. 아멘!

내 마음이 헝클어질 때

눈동자가 힘을 잃고
머릿속은 방향을 잃은 나침반처럼
온갖 생각으로 헝클어질 때도
홀로 앓지 말고
주님을 온전히 신뢰하며 의지하게 하소서!

괴로움으로 고통이 번져 나가고
마음마저 까맣게 타들어가도
허기증에 시달려 빈틈만 채우려고
발버둥 치며 욕심내며 살지 않게 하소서!

마음이 혼란스러울 때
사람들마저 서먹해질 때
슬픔으로 주눅 든 괴로움 때문에
부들부들 떨며 분통해 하지 말고
주님의 마음처럼 차분히 가라앉게 하소서!

욕심이 기쁨을 가로막을 때
손해 볼 것 같아 속이 끓어오를 때
생떼만 부리지 말고
말씀과 기도와 행함으로
바로 보고 바로 알아 깨닫게 하소서!

-용혜원-

22
나라와 민족과 이웃을 위하여
기도하지 못한 죄를 용서하소서!

사랑이 충만하신 주님!
이 나라 이 민족에게 복음이 충만하게 하여 주시고
세우신 교회와 목회자들과 성도들과 위정자들과 지도자들을
인도하여 주시기를 원합니다.
나라를 다스리는 대통령과 국회의원과 도지사와
군수와 도의원과 수많은 지도자들에게
지혜와 지식과 능력과 권세를 주셔서
지혜롭게 나라를 다스리게 하여 주시기를 원합니다.
개인의 이익만을 추구하기 위하여
그때 그때 즉흥적으로 선동하며 일하지 않게 하여 주시고

이 나라 이 민족의 다음 세대를 위하여
진실하고 분명하고 바르게 일하게 하여 주시기를 원합니다.
"나의 생전에 여호와를 찬양하며
나의 평생에 내 하나님을 찬송하리로다"(시편 146:2)
말씀처럼 나의 평생에 기도하며 찬양하며
주님을 온전히 신뢰하며 살게 하여 주시기를 원합니다.
이 나라 이 민족의 모든 분야가 발군의 실력을 발휘하여
발전하게 하여 주시기를 원합니다.
우리의 발전만을 목적에 두지 말고
어려운 이웃과 가난한 나라를 돕는 나라가 되게 하옵소서.
교회와 목회자들이 영적인 능력을 발휘하게 하옵소서.
이 땅이 복음화되어 하나님께 영광을 돌리고
하나님의 이름을 찬양하기를 원합니다.
교회가 하나 되지 못하고
개 교회주의로 변질됨을 용서하여 주시기를 원합니다.
목회자들이 주님의 이름보다 자신의 이름을
더 크게 내려고 하는 죄악을 용서하여 주시기를 원합니다.
교회들이 복음주의적 신앙보다
기업주의적 신앙으로 바뀌어감을 용서하여 주시기를 원합니다.
이 나라의 정치가 안정되어 자리 잡게 하여 주시고
정치인들이 자신의 이익과 정당을 위하여 일하기보다
나라와 민족을 위하여 일하게 하여 주시기를 원합니다.
정치인들이 항상 솔선수범하며

서로 비방하고 모함하고 비리를 저지르는 일에서
떠나게 하여 주시고
하나님을 두려워하며 섬기게 하여 주시기를 원합니다.
선거에서 뽑힌 지도자들이 뇌물로 인하여 법정에 서고
감옥에 들어가는 일들이 사라지게 하여 주시고
지도자들이 진정으로 민족과 다음 세대를 위하여
일하게 하여 주시기를 원합니다.
이 나라 이 민족에게 자유를 지키고
평화를 사랑하는 민주주의가 온전히 꽃피고
열매를 맺게 하여 주시기를 원합니다.
갈라진 남북이 자유민주주의로 통일되게 하여 주시고
고통당하고 있는 북한 동포를 구원해 주셔서
공산주의 압박으로부터 해방되어
자유를 누리며 살게 하여 주시기를 원합니다.
북한 지도자들의 생각과 행동이 변화되게 하여 주사
민족을 사랑할 수 있는 마음을 주시기를 원합니다.
시시때때로 전쟁을 일으키고 도발하는 북한 지도자들의
어리석은 마음을 회개하게 하여 주시기를 원합니다.
북녘땅에 무너진 교회들이 다시 건축되는 날이
속히 오게 하여 주시기를 원합니다.
이 땅에 어렵게 살아가고 있는 장애인들을 기억하여 주시고
직장을 구하지 못해 희망을 보지 못하는
젊은 청년들에게 일자리를 허락하여 주시기를 원합니다.

이혼 가정과 결손 가정의 상처 입은 마음이
회복되게 하여 주시기를 원합니다.
이 나라 이 민족이 하나가 되어 모든 분야를 발전시키고
하나님께 영광과 찬양을 돌리는
민족이 되게 하여 주시기를 원합니다.
이 나라 어린이들이 꿈과 희망을 갖고
행복하게 살아가게 하여 주시기를 원합니다.
이 나라 젊은이들이 내일을 향하여 도전하며
꿈과 희망을 이루어가게 하여 주시기를 원합니다.
모든 가정에 행복이 가득하게 하여 주시고
사랑하며 살게 하여 주시기를 원합니다.
이 나라 이 민족이 전능하신 하나님을
온전히 섬기게 하여 주시고
불의와 부정과 죄악의 길에서 떠나
하나님의 뜻을 온전히 따르게 하여 주시기를 원합니다.
각종 죄악으로 신음하는 사람들을 불쌍히 여겨주시기를 원합니다.
이 나라의 교육 질서를 잡아주시기를 원합니다.
선생님들과 학생들을 위한 바른 교육정책이
하루빨리 바로 서게 하여 주시고
학생들에게는 스승을 존경할 줄 아는 마음을 주시기를 원합니다.
이 나라의 모든 학교를 기억하여 주시기를 원합니다.
모든 학교들이 학문을 연마하며
서로 존중하고 사랑하는 교사와 학생들이 되게 하여 주옵소서.

이 나라와 민족을 사랑하고 기도하지 못한 죄를
용서하여 주시기를 원합니다.
주님의 일을 하는 이들을 위하여 기도하지 못한 죄를
용서하여 주시기를 원합니다.
"그들이 부르기 전에 내가 응답하겠고
그들이 말을 마치기 전에 내가 들을 것이며"(이사야 65:24)
말씀처럼 내 마음을 아시는 하나님께서
회개의 기도를 들으사 응답하여 주시기를 원합니다.
소외당하고 버림받은 이들을 위하여 사랑하지 못하고
기도하지 못한 죄를 용서하여 주시기를 원합니다.
나라와 민족이 없으면 나 자신도 없으니
주여, 이 나라 이 민족에게 평화를 주시고
주님을 신뢰하며 주님의 인도하심 따라 번영하고 축복받는
나라와 민족이 되게 하여 주시기를 원합니다.
이 나라 이 민족의 구석구석에 죄악과 비리와 부패가 아직도 많으니
주님의 빛으로 변화되게 하여 주시기를 원합니다.
이 나라 이 민족이 서로 담을 쌓고 남을 탓하고
비난하고 배반을 일삼기보다
서로 인정하고 배려하는 문화가 발전하게 하여 주시기를 원합니다.
나라에 위기가 올 때 서로 책임을 전가하기보다
하나가 되어 극복할 수 있게 하여 주시기를 원합니다.
이 나라와 이 민족을 위하여 더 깊이 기도하지 못함을
용서하여 주시기를 원합니다.

이 나라의 문화가 더욱더 발전하게 하여 주시고

모든 질서가 회복되게 하여 주시고

사람들의 양심이 살아나게 하여 주시기를 원합니다.

부정부패가 만연하고 남을 헐뜯고 비방하고

모함하고 사기치는 마음들이 새로워져서

서로 배려하고 함께하는 마음들이

늘어나게 하여 주시기를 원합니다.

아직도 주님을 알지 못하고 방황하고 버림받고 서성거리는

죄 많은 영혼들을 인도하여 주시기를 원합니다.

이웃을 위하여 사랑으로 다가가 기도할 수 있는

열린 마음을 주셔서 이웃 사랑에 태만한 죄를

범하지 않게 하여 주시기를 원합니다.

이웃을 사랑의 눈으로 바라보게 하여 주시고

부정부패가 사라지고 정직한 마음으로

나라와 민족을 사랑하게 하여 주시기를 원합니다.

질서를 지키고 이웃을 사랑하는 민족이 되게 하여 주옵소서.

주여 회개하오니

나라를 위하여 기도하게 하여 주시기를 원합니다.

민족을 위하여 기도하게 하여 주시기를 원합니다.

교회를 위하여 기도하게 하여 주시기를 원합니다.

목회자들을 위하여 기도하게 하여 주시기를 원합니다.

성도들을 위하여 기도하게 하여 주시기를 원합니다.

"나의 영혼도 심히 떨리나이다

여호와여 어느 때까지니이까

여호와여 돌아와 나의 영혼을 건지시며

주의 인자하심을 인하여 나를 구원하소서"(시편 6:3-4)

말씀처럼 주여, 나를 살피사 죄악을 용서하여 주시고

구원하여 주사 새 생명을 얻게 하여 주시기를 원합니다.

이 나라의 경제와 사회 그리고 문화를 위하여

기도하지 못한 죄를 용서하여 주시고

더욱더 기도하며 할 일에 동참하게 하여 주시기를 원합니다.

이 나라의 무질서와 타락과 방종을 깨우치지 못한 죄를

용서하여 주시고 도리어 그 일에 동참한 죄를

용서하여 주시기를 원합니다.

"내가 내 마음에 죄악을 품으면 주께서 듣지 아니하시리라

그러나 하나님이 실로 들으셨으며 내 기도 소리에 주의하셨도다

하나님을 찬송하리로다 저가 내 기도를 물리치지 아니하시고

그 인자하심을 내게서 거두지도 아니하셨도다"(시편 66:18-20)

장애인들을 위하여 종사하는 이들이 사리사욕 없이

순수한 마음으로 돌보게 하여 주시기를 원합니다.

사랑과 봉사와 신뢰와 믿음으로

따뜻한 사랑의 공동체를 만들기 위하여 기도하며

행동하게 하여 주시기를 원합니다.

이 나라를 지키는 군대를 기억하여 주셔서

임무를 잘 수행하여 나라를 지킬 수 있는

마음을 주시기를 원합니다.

힘과 능력을 주시기를 원합니다.
이 나라 지도자들과 정치인들과 사업가들이
자기 자신만의 부를 축적하기 위하여 부정한 생각과 행동으로
나라에 해가 되는 일을 하지 않도록 인도하여 주시옵소서.
교회가 살고 성도가 살아 주님의 마음을 움직일 수 있는
살아 있는 기도가 터져나오게 하여 주시기를 원합니다.
교회가 세상을 향하여 눈을 돌리지 말고
주님을 향하여 눈을 들어 경배하게 하여 주시고
살아 있는 생명의 말씀을 전파하는 데 주력할 수 있도록
인도하여 주시기를 원합니다.
예수 그리스도의 보혈의 피에 물들게 하여 주시기를 원합니다.
오직 성령으로 오직 예수 그리스도의 복음을
전파하게 하여 주시기를 원합니다.
이 나라 이 민족의 모두가 자신이 맡은 일에
최선을 다하게 하여 주시기를 원합니다.
하나님 앞에 순종하며 섬기는 민족이 되게 하여 주시기를 원합니다.
예수 그리스도의 마음으로 섬기며 사랑하게 하여 주시기를 원합니다.
우리 주 예수 그리스도 이름으로 기도합니다. 아멘!

23
삶의 마지막 순간에
주님을 부인하지 않게 하소서!

나의 삶을 인도하여 주시는 주님!
언제나 주님을 신뢰하며 따르게 하여 주시기를 원합니다.
마지막 순간까지 모든 죄를 고백하여 용서받게 하여 주시고
주님께 몸과 마음과 영혼을 온전히 맡기게 하여 주시기를 원합니다.
언젠가는 사라져버릴 삶에 연연하기보다는
영원한 새 생명을 소유함에 기뻐하게 하여 주시기를 원합니다.
주여, 인도하여 주셔서 모든 죄악을 회개하고
영혼이 믿음으로 강건해지기를 원합니다.
나의 몸이 늙어가고 쇠약해질 때도
주여! 나를 붙잡아주시고 인도하여 주시기를 원합니다.

"여호와는 나의 목자시니 내가 부족함이 없으리로다
그가 나를 푸른 초장에 누이시며 쉴만한 물가으로 인도하시는도다
내 영혼을 소생시키시고 자기 이름을 위하여
의의 길로 인도하시는도다
내가 사망의 음침한 골짜기로 다닐찌라도
해를 두려워하지 않을 것은 주께서 나와 함께 하심이라
주의 지팡이와 막대기가 나를 안위하시나이다
주께서 내 원수의 목전에서 내게 상을 베푸시고
기름으로 내 머리에 바르셨으니 내 잔이 넘치나이다
나의 평생에 선하심과 인자하심이 정녕 나를 따르리니
내가 여호와의 집에 영원히 거하리로다"(시편 23:1-6)
주님께서 평생토록 나의 목자가 되심을 감사드립니다.
주님의 나라에서 영원히 살게 하여 주시기를 원합니다.
세월이 흘러 해가 지듯이 황혼이 왔을 때
주님 앞에 온전히 서게 하여 주시기를 원합니다.
주님을 의지하며 모든 것을 회개하고
생의 마감을 준비하게 하여 주시기를 원합니다.
"내가 여호와를 항상 내 앞에 모심이여
그가 내 우편에 계시므로 내가 요동치 아니하리로다
이러므로 내 마음이 기쁘고 내 영광도 즐거워하며
내 육체도 안전히 거하리니
이는 내 영혼을 음부에 버리지 아니하시며
주의 거룩한 자로 썩지 않게 하실 것임이니이다

주께서 생명의 길로 내게 보이시리니
주의 앞에는 기쁨이 충만하고
주의 우편에는 영원한 즐거움이 있나이다"(시편 16:8-11)
말씀처럼 주께서 항상 나와 함께하여 주시고
인도하여 주시기를 원합니다.
주님의 날을 기억하면서
늘 소망 가운데 살게 하여 주시기를 원합니다.
세상의 허망한 것들에 욕심을 부리지 않게 하여 주시고
놓을 것은 놓고 꼭 붙잡아야 하는 주님의 손길을
붙잡게 하여 주시기를 원합니다.
이 땅에서 마땅히 해야 할 일을 하고
가야 할 길은 가게 하여 주사
주님 앞에 부끄럼이 없는 삶을 살게 하여 주시기를 원합니다.
목숨이 다하는 날까지
정결한 성도의 삶을 살게 하여 주시기를 원합니다.
주님이 구주이심을 고백하며
믿고 따르게 하여 주시기를 원합니다.
세상의 부귀영화나 권세, 명예의 허망함을 알게 하사
언제나 동행하여 주시고 함께하여 주시는
주님만을 의지하며 살게 하여 주시기를 원합니다.
나의 구주가 되시고 인도자가 되시는 주님께서
나의 몸과 영혼을 받아주시기를 원합니다.
죽음이 눈앞에 오는 순간에도 회개할 것이 있다면

모든 것을 다 회개하여 주님 앞에
죄 씻음 받은 영혼으로 서게 하여 주셔서
천국에 들어갈 수 있도록 인도하여 주시기를 원합니다.
인생의 깊이를 알아갈수록
주님께 감사하며 살게 하여 주시기를 원합니다.
"이스라엘아 이제 내가 너희에게 가르치는
규례와 법도를 듣고 준행하라
그리하면 너희가 살 것이요
너희의 열조의 하나님 여호와께서
너희에게 주시는 땅에 들어가서 그것을 얻게 되리라"(신명기 4:1)
말씀처럼 하나님께서 주시는 땅에 들어가기를 원합니다.
주님의 은혜를 알지 못하고 깨닫지 못해서
나태하게 신앙생활을 한 죄를 용서하여 주시기를 원합니다.
주여! 나의 삶 속에서 만나는 사람들에게
실수한 것이 있으면 용서하여 주시기를 원합니다.
주여! 나의 삶 속에서 만나는 사람들에게
주지 못한 것이 있으면 용서하여 주시기를 원합니다.
주여! 나의 삶 속에서 만나는 사람들을
비웃은 일이 있으면 용서하여 주시기를 원합니다.
내 삶이 교만하여 죄를 짓지 않게 하여 주시기를 원합니다.
"믿음의 주요 또 온전케 하시는 이인 예수를 바라보자
저는 그 앞에 있는 즐거움을 위하여 십자가를 참으사
부끄러움을 개의치 아니하시더니

하나님 보좌 우편에 앉으셨느니라
너희가 피곤하여 낙심치 않기 위하여 죄인들의 이같이
자기에게 거역한 일을 참으신 자를 생각하라"(히브리서 12:2-3)
말씀처럼 언제나 믿음의 주요 구원자하신
예수 그리스도를 바라보며 살게 하여 주시기를 원합니다.
강물이 유유히 흐르듯이
주님의 나라에 이르게 하여 주시기를 원합니다.
세월이 지나간 자리마다 주님의 인도하심과 섭리가
함께했음을 고백하오니
주여, 마지막 순간에도 나의 손을 잡아주셔서
주님의 나라에 이르게 하여 주시기를 원합니다.
죄악의 악몽에서 벗어나
주님의 품에 안기게 하여 주시기를 원합니다.
가난할 때나 부유할 때나 나약할 때나 건강할 때도
늘 함께하여 주심을 감사하며
주님을 사랑한다고 고백할 수 있는 믿음을 주시기를 원합니다.
"우리가 다 하나님의 아들을 믿는 것과
아는 일에 하나가 되어 온전한 사람을 이루어
그리스도의 장성한 분량이 충만한데까지 이르리니
이는 우리가 이제부터 어린 아이가 되지 아니하여
사람의 궤술과 간사한 유혹에 빠져
모든 교훈의 풍조에 밀려 요동치 않게 하려 함이라
오직 사랑 안에서 참된 것을 하여 범사에 그에게까지 자랄찌라

그는 머리니 곧 그리스도라"(에베소서 4:13-15)
말씀처럼 주님을 아는 일에 하나가 되어
주님을 온전히 섬기게 하여 주시기를 원합니다.
죄의 흔적이 나의 몸과 마음과 영혼에 남아 있지 않도록
맑은 심령과 영혼으로 주님을 만나게 하여 주시기를 원합니다.
삶 속에서 위선적으로 살았던 순간들을 용서하여 주시고
삶 속에서 가면을 쓰고 살았던 순간들을 용서하여 주시고
삶 속에서 가식적으로 살았던 순간들을
용서하여 주시기를 원합니다.
주님의 말씀을 날마다 깊이 새기며
나이가 들어갈수록 주님만을 의지하며 살게 하여 주시기를 원합니다.
마지막 순간에도 주님께 모든 것을 맡기며
주님의 나라에 이르게 하여 주시기를 원합니다.
죽음이 오는 날까지 서성거리며 살기보다는
항상 주님과 동행하고 주님의 말씀을 실천하는
성도의 삶을 살게 하여 주시기를 원합니다.
주님의 보혈은 엄청난 구원의 사랑이오니
그 사랑받은 자로서 목숨이 다하는 날까지
주님을 섬기며 살게 하여 주시기를 원합니다.
죄로 인하여 나의 심령이 붕괴되고 나의 마음이 갈라지고
나의 영적인 능력이 사라져도
주님께 고백하면 소망이 넘치게 하여 주심을 믿으니
주여! 나의 죄를 용서하여 주시기를 원합니다.

주여! 나의 삶이 실패하고 넘어졌더라도 주님을 의지하오니
중보자가 되시는 주님께서 인도하여 주시기를 원합니다.
나의 영혼의 치료자가 되시는 주님께서 인도하여 주시기를 원합니다.
나의 죄가 더럽고 추악하고 흉악하오니
주여! 나의 죄를 용서하여 주시기를 원합니다.
주여, 주님을 사랑하오니 구원하여 주시기를 원합니다.
삶의 마지막 순간에도 믿음을 주시기를 원합니다.
삶의 마지막 순간에도 회개하게 하여 주시기를 원합니다.
삶의 마지막 순간에도 주님께 의탁하게 하여 주시기를 원합니다.
하나님께 회개할 수 있는 시간은 생명이 있는 날까지이오니
주여! 생명이 있는 날 회개하여
용서받게 하여 주시기를 원합니다.
주님을 구주로 믿고 회개하여
천국에 들어가게 하여 주시기를 원합니다.
의식이 사라질 때까지 온전히 주님께서 인도하여 주시기를 원합니다.
나의 모든 죄악을 용서받아
천국문이 활짝 열리는 순간을 맞을 것을 믿습니다.
의미 없는 삶을 살기보다는
분명한 그리스도인으로 살게 하여 주시기를 원합니다.
"보라 내가 속히 오리니 내가 줄 상이 내게 있어
각 사람에게 그의 일한대로 갚아 주리라
나는 알파와 오메가요 처음과 나중이요
시작과 끝이라"(요한계시록 22:12-13)

말씀처럼 오실 줄 믿으니

주여, 나를 기억하여 주시기를 원합니다.

사람들에게 손가락질을 받거나 배척받지 않고

사랑과 나눔의 삶으로 살게 하여 주시기를 원합니다.

병들어 주님을 원망하거나 한탄하는 일이 없이 믿음으로 살다가

주님의 나라에 들어가게 하여 주시기를 원합니다.

신앙의 모범을 보이고

주 안에서 풍성한 열매를 맺으며

주님의 충성된 종이 되게 하여 주시기를 원합니다.

주님의 은혜와 사랑으로 아름답게 살다가

주님이 부르실 때에 소망을 갖고

천국에 갈 수 있도록 인도하여 주시기를 원합니다.

믿음이 나약해져서 주님을 부인하는 불행의 시간이

일어나지 않게 하여 주시기를 원합니다.

삶의 마지막 순간에

주님의 이름을 거룩하게 부르게 하여 주시기를 원합니다.

삶의 마지막 순간에

주님의 인도하심에 기뻐하게 하여 주시기를 원합니다.

삶의 마지막 순간에

주님의 이름으로 찬양하게 하여 주시기를 원합니다.

삶의 마지막 순간에

주님이 맞아주심을 기뻐하게 하여 주시기를 원합니다.

목숨이 다하는 순간

평생을 인도하여 주신 주님께 감사의 기도를 드리며
눈을 감게 하여 주시기를 원합니다.
삶의 눈을 감는 순간에
주님께 나아가 천국에 들어갈 수 있도록
인도하여 주시기를 원합니다.
우리 주 예수 그리스도 이름으로 기도합니다. 아멘!

그러므로 너희가 회개하고 돌이켜 너희 죄 없이 함을 받으라

이같이 하면 유쾌하게 되는 날이 주 앞으로부터 이를 것이요

사도행전 3:19

〈회개의 기도〉 관련한 본문 성경 구절

신명기 4:1 ············ 215	시편 86:1-3 ············ 187
사무엘상 12:23-24 ············ 124	시편 88:13 ············ 42
사무엘상 15:22 ············ 183	시편 101:5 ············ 65
역대상 4:10 ············ 165	시편 106:4-5 ············ 98
역대하 7:14 ············ 193	시편 107:30 ············ 132
시편 3:7-8 ············ 190	시편 109:1-4 ············ 72
시편 6:3-4 ············ 210	시편 115:13-14 ············ 96
시편 15:1-5 ············ 89	시편 120:1-2 ············ 79
시편 16:8-11 ············ 214	시편 145:19 ············ 131
시편 16:11 ············ 153	시편 145:18-19 ············ 185
시편 18:1-3 ············ 46	잠언 10:18 ············ 67
시편 19:12-14 ············ 144	잠언 11:13 ············ 149
시편 23:1-6 ············ 213	잠언 11:28 ············ 85
시편 25:4-5 ············ 140	잠언 16:24 ············ 151
시편 32:1-2 ············ 79	잠언 17:9 ············ 152
시편 32:5-6 ············ 138	잠언 28:13 ············ 16
시편 34:18 ············ 15	이사야 1:15-17 ············ 54
시편 39:12 ············ 28, 82	이사야 1:18 ············ 32
시편 42:1 ············ 117	이사야 30:18 ············ 192
시편 55:1-4 ············ 123	이사야 34:16 ············ 66
시편 64:1 ············ 179	이사야 38:16 ············ 197
시편 66:18-20 ············ 210	이사야 40:31 ············ 118

이사야 52:11 ········· 169	누가복음 6:24-25 ········· 86
이사야 53:4-6 ········· 130	누가복음 6:36-37 ········· 66
이사야 55:3 ········· 149	누가복음 6:38 ········· 90
이사야 55:6-7 ········· 138, 177	누가복음 9:25 ········· 91
이사야 55:7 ········· 23	누가복음 10:20 ········· 25
이사야 58:13-14 ········· 47	누가복음 17:3-4 ········· 102
이사야 59:1-2 ········· 77	누가복음 21:34-36 ········· 51
이사야 59:1-3 ········· 151	요한복음 5:24 ········· 17
이사야 65:24 ········· 208	요한복음 6:53-58 ········· 43
말라기 3:8-10 ········· 92	요한복음 8:34-36 ········· 55
마태복음 1:21 ········· 16	요한복음 10:9-12 ········· 168
마태복음 4:17 ········· 18	요한복음 11:25-26 ········· 60
마태복음 5:27-28 ········· 107	요한복음 16:13 ········· 154
마태복음 6:3-4 ········· 115	사도행전 1:8 ········· 156
마태복음 6:6 ········· 24	사도행전 2:21 ········· 21
마태복음 6:12 ········· 163	사도행전 2:28 ········· 84
마태복음 7:1-2 ········· 68	사도행전 3:19 ········· 29
마태복음 7:3-5 ········· 68	로마서 1:17 ········· 33
마태복음 7:7-8 ········· 49	로마서 2:1 ········· 69
마태복음 7:13-14 ········· 59	로마서 4:25 ········· 35
마태복음 11:28 ········· 199	로마서 5:6-11 ········· 70
마태복음 15:16-20 ········· 110	로마서 6:12-13 ········· 107
마태복음 22:37 ········· 45	로마서 6:20-23 ········· 57
마태복음 26:41 ········· 74, 150	로마서 6:22-23 ········· 116
마태복음 28:18-20 ········· 157	로마서 8:1-2 ········· 118
마가복음 6:56 ········· 200	로마서 8:5-6 ········· 122
마가복음 9:47-50 ········· 14	로마서 8:26 ········· 20
누가복음 5:31-32 ········· 25	로마서 8:35 ········· 52

로마서 10:9-10 ········· 22	히브리서 3:14 ········· 151
로마서 12:1 ········· 39	히브리서 4:12-13 ········· 31
로마서 12:2 ········· 56	히브리서 4:16 ········· 134
로마서 12:6-8 ········· 170	히브리서 10:22 ········· 40
로마서 13:8-10 ········· 109	히브리서 11:1-2 ········· 52
로마서 15:5-6 ········· 41	히브리서 12:2-3 ········· 216
고린도전서 3:16-17 ········· 108	야고보서 1:6-8 ········· 196
고린도전서 6:13 ········· 112	야고보서 1:15 ········· 87
고린도전서 6:19-20 ········· 112	야고보서 3:2-6 ········· 78
고린도전서 10:13 ········· 120	야고보서 3:6 ········· 153
고린도전서 10:33 ········· 115	야고보서 5:16 ········· 196
고린도후서 7:10 ········· 177	베드로전서 1:22 ········· 127
갈라디아서 5:16-17 ········· 88	베드로전서 2:12 ········· 73
갈라디아서 6:2 ········· 65	베드로전서 2:24 ········· 24
갈라디아서 6:7-8 ········· 30	베드로전서 4:12-13 ········· 125
갈라디아서 6:9-10 ········· 97	베드로전서 5:8-9 ········· 132
에베소서 1:17-19 ········· 142	요한일서 1:9 ········· 19
에베소서 4:13-15 ········· 71, 217	요한일서 2:9-11 ········· 72
에베소서 4:22-24 ········· 186	요한일서 2:16-17 ········· 111
에베소서 4:29-32 ········· 81	요한일서 3:2 ········· 100
에베소서 5:3-5 ········· 108	요한일서 3:2-3 ········· 192
에베소서 6:17-20 ········· 160	요한일서 5:4-5 ········· 127
빌립보서 1:6 ········· 143	요한계시록 22:12-13 ········· 218
빌립보서 1:6-11 ········· 161	
골로새서 3:10 ········· 101	
디모데전서 6:10 ········· 91	
디모데전서 6:17-18 ········· 119	
디모데후서 4:18 ········· 26